手仕事をめぐる大人旅ノート

ヨーロッパ3週間、
あたらしい旅の楽しみ方

堀川 波

大和書房

はじめに

2度目の青春が訪れたような50代。

心がけているのは、
・思いついたら、すぐやってみる。
・誘われたら、出かけてみる。
そう。最近の私は「軽やか」なのです。

これまで、時間的にも金銭的にも、なかなかできなかったことができるようになったのは、自分の行動において自分で責任がとれる範囲がくっきり見えるようになったから。

さらに、50代になって人との間に適度な距離感を見つけるのが上手になったような気がします。

人との関係は、仲良くなろうとか、好きになってもらおうと思うのではなく、目の前にいるその人の好きなところを見つけるだけでいいんだなって気がついたんです。


軽やかになれたおかげで、この旅に出かけることができました。

テーマは手仕事。期間は3週間。ロンドン→リトアニア→ラトビア→エストニア→フィンランドをめぐる旅。一緒に旅する人数も、そのときどきで、増えたり、減ったり。

この旅で、たくさんの人、コト、モノに出会い、たくさんの「好き」を見つけることができました。

本書では、私の旅の楽しみ方と、出会ったものをご紹介します。

Contents

旅の準備のこと

ロンドン

リトアニア

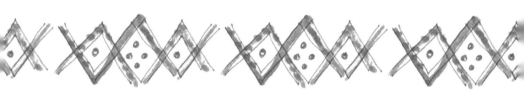

ラトビア

エストニア

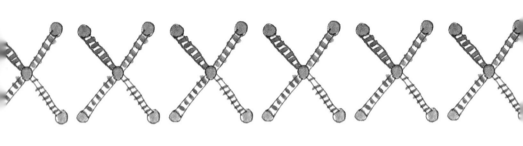

フィンランド

今回の旅について

ご縁があってロンドンで「サシコステッチ」のワークショップをすることになったのが、旅のきっかけです。ちょうど同時期にバルト三国のラトビアで「森の民芸市」が開催されることを知り、行きたいところをつないでワクワクドキドキの3週間ヨーロッパ手仕事ツアーが決まったのでした。ゆるやかにつながった友人、知人と、それぞれが好きなことをしながら過ごす大人旅です。

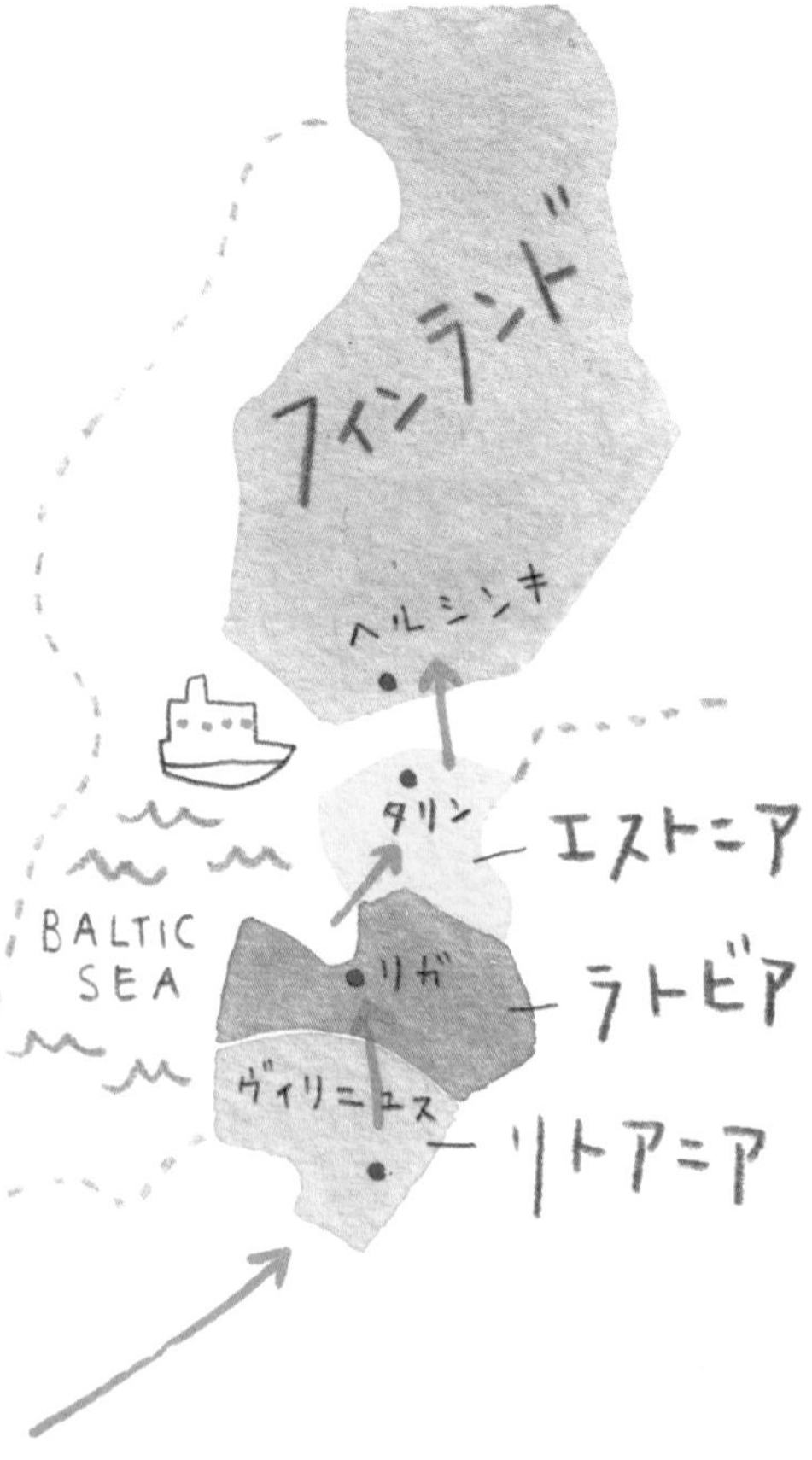

ロンドン

毛糸屋さんでワークショップをしたり、街歩きをしたり、公園でくつろいだり。

リトアニア

旅の仲間が合流して8人でエアビーに滞在。街全体がおとぎの国のよう。

ラトビア

「森の民芸市」へ。世界中から手仕事好きの買い手が集まるクラフトマーケット。

エストニア

「ヘイムタリ美術館」で刺しゅういっぱいの民族衣装、100年前のミトン、織物のリボンなどを前に至福の時を過ごす。

フィンランド

空港も駅も郵便局も美しいデザインの国。サウナ体験やマリメッコの社員食堂でランチも。

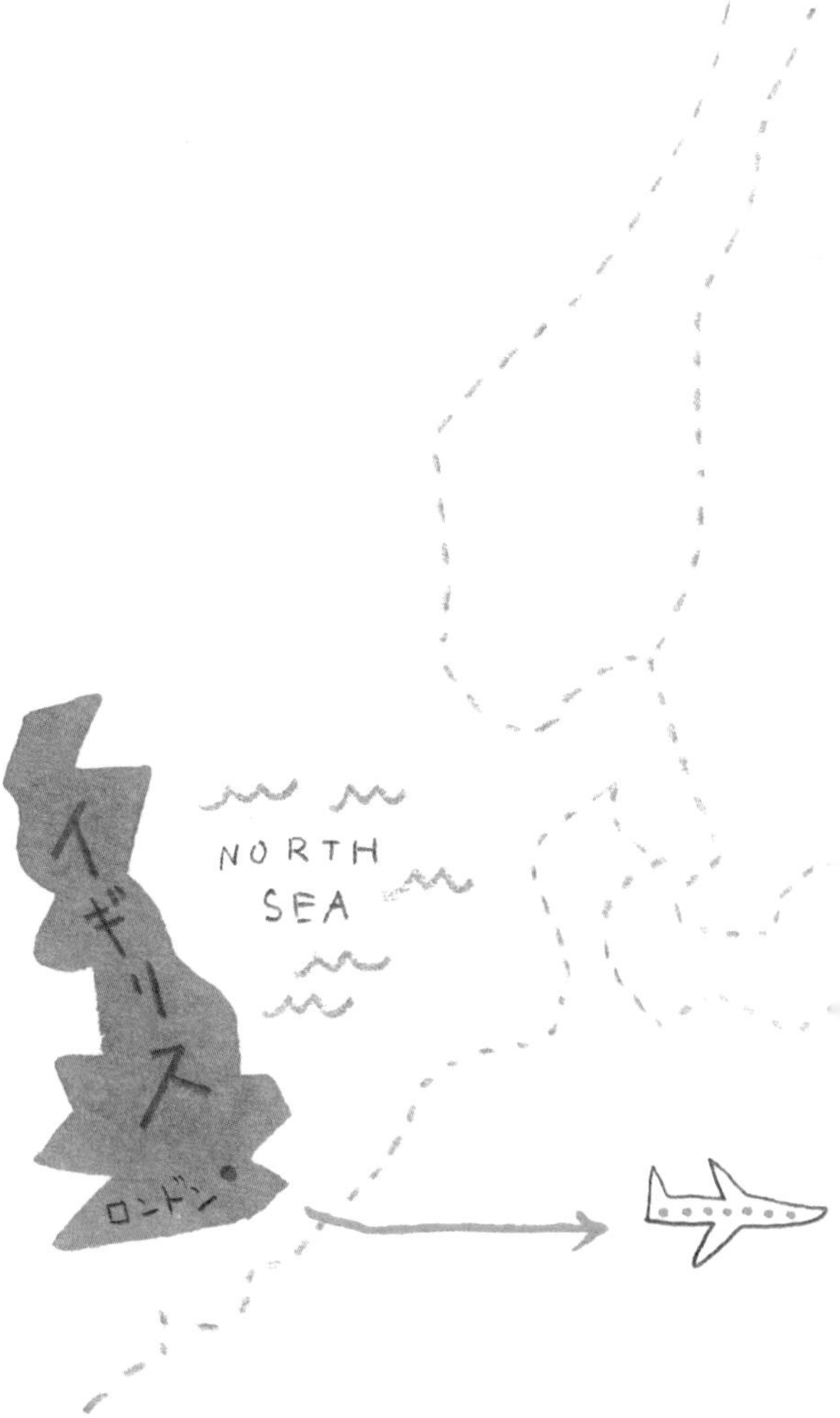

Preparation

旅の準備のこと

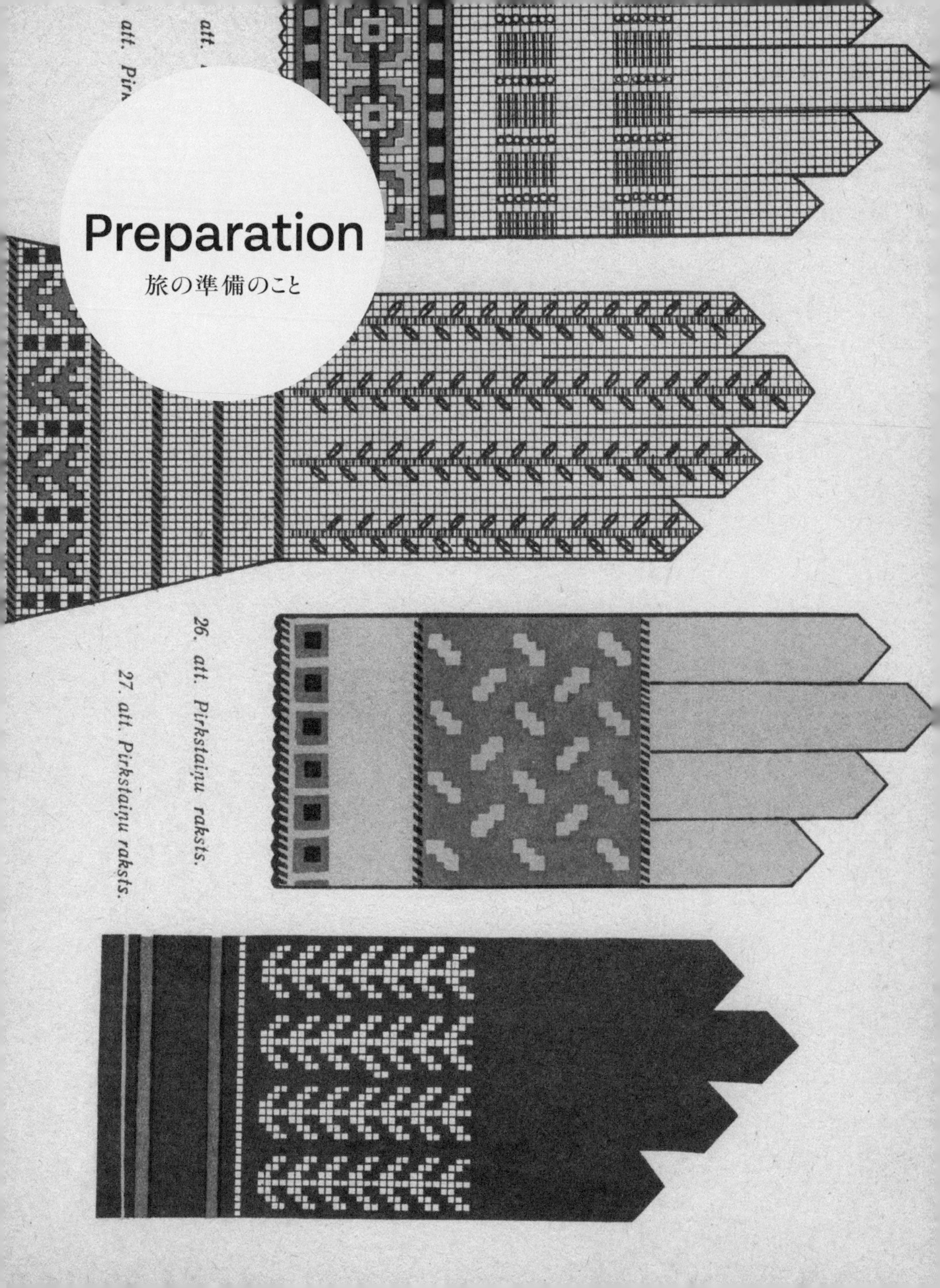

パスポートの再発行からスタート

ちょうど12年前にラオスの古都ルアンパバーンに行ったのが、私の最後の海外旅行でした。パスポートも期限が切れており、旅の準備はパスポートの再発行から始まりました。パスポートは有効期限を5年と10年から選ぶことができます。正直、12年間での顔の変化（老化）は別人級だったので、5年にしようかと本気で悩みましたが、やっぱり10年で申請しました。

3週間の長旅なので、スーツケースも新調しました。ネットでイノベーターのアルミ合金スーツケース（96リットル）に一目惚れ。持ち手が本革でカバーされていて、クールさと手仕事がミックスされた北欧デザインがツボでした。サブバッグには、息子から借りたコムデギャルソンの大きなリュックを持って行ったのですが、これが大正解。たくさん入れても軽々と背負えるし、街中で背負っていてもスッキリしたデザインなので街に溶け込めるのです。

スマホはショルダーがけが定番スタイルでした。今回訪れた国は、比較的治安がいいところばかりなので可能だったことですが、スマホにはチケットやクレジットカード機能も入っているので、乗り物に乗るときや買い物をするときなど、しょっちゅう必要になります。ずぼらな私にとって肩かけは、うっかり置き忘れたりする心配がなく便利でした。

出発！
ベレー帽があれば
機内で
ぐちゃぐちゃに
なってもOK
コムデギャルソン
デカリュック
カゴバッグ
イノベーター
スーツケース
BON BON バッグ
おなかゴムパンツ
グラウンズ

旅に持って行って便利だったもの

久しぶりの海外旅行。旅慣れていない私にとって、失敗もたくさんありました。ケーブルの差し込み口の形が合わなくてスマホの充電ができなかったり、重量オーバーで急遽ラトビアのイケアでファスナー付きバッグを買ったり！ 旅先で役立ったものをご紹介します。

洗たく

100円ショップのもので十分！

くすり

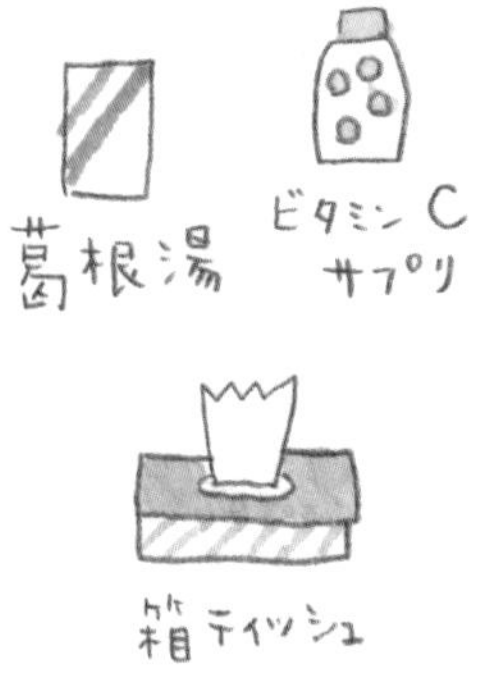

デバイス

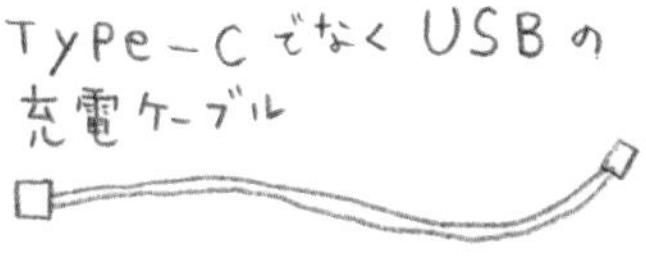

バスや飛行機など無料で充電できるスポットは、ほとんどがUSB接続でした。

スマホの充電は何より大事！ 世界対応のものがアマゾンなどで売っています。

梱包

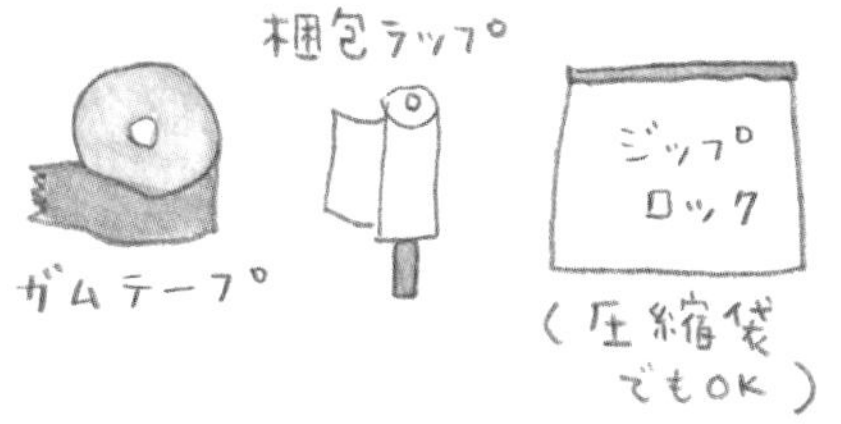

布ものを圧縮したり、壊れやすいものを保護したり、細かいものをまとめたり。

買い物して増えた荷物は、帰りの飛行機に乗るとき、この袋に入れて預けました。

スーツケースが重量オーバーして超過料金をとらてしまうなんてことにならないように！

食べもの

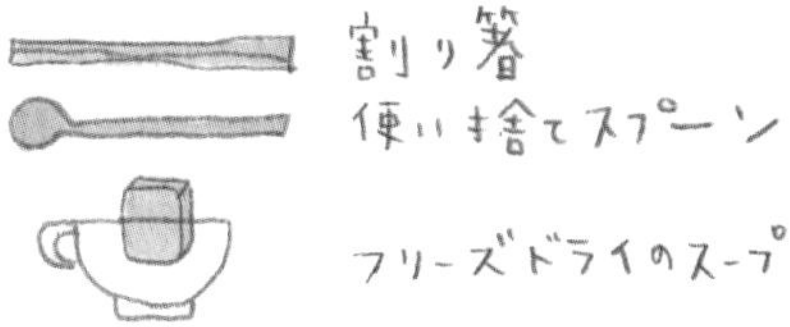

家電

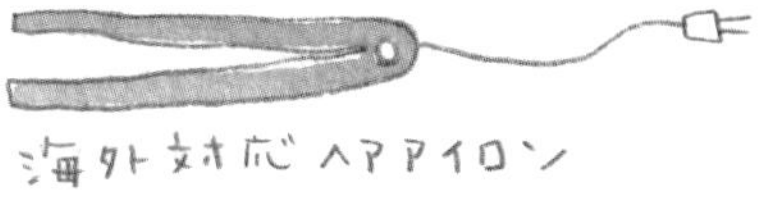

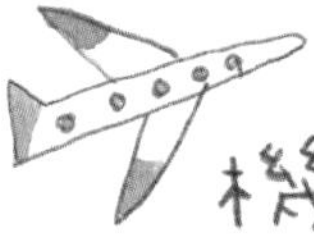

エコノミー 機内を快適に過ごすグッズ

狭い機内での長いフライトも、コロナ以来ハマっている韓国ドラマをたっぷりダウンロードしておいたので、実はあっという間でした。足が伸ばせなかったり、腰が痛くなったりもするので、こまめに立ったり歩いたり。優秀なウルトラライトダウンのおかげで温度調節も楽にできました。

ウルトラライトダウン

軽くて暖かいロングタイプのもの。温度調節に重宝しました。

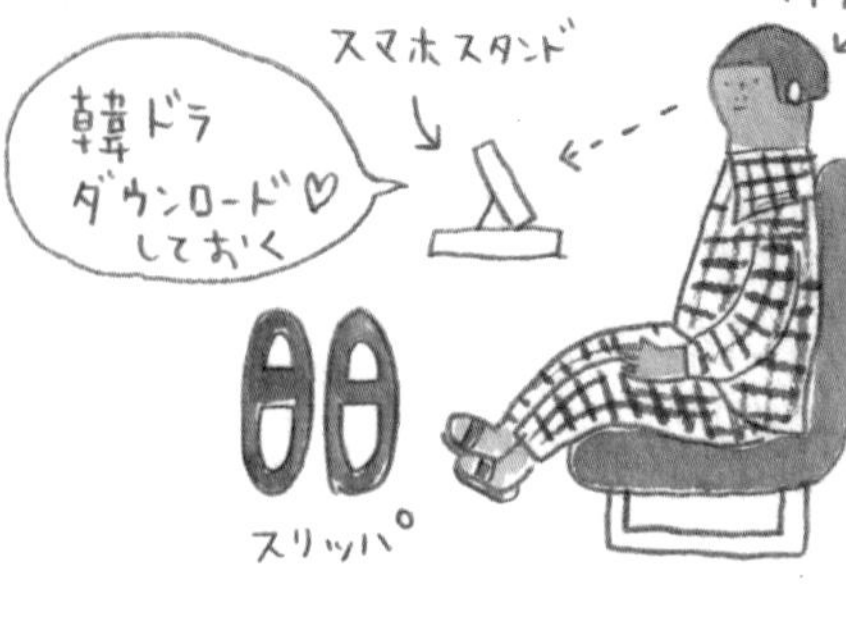

トイレに行くときなどにも便利。ホテルなどでもらう使い捨てタイプでOK。

座席に引っかけたり腕にかけて眠ったり。ストラップがあると安心便利。

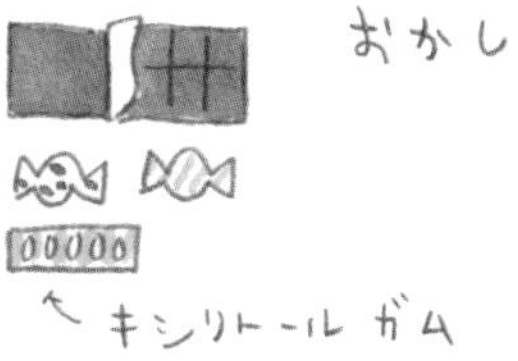

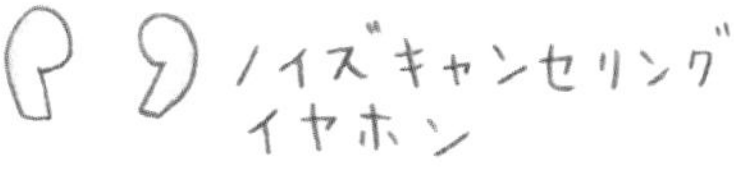

これさえあれば自分の
世界に入り込めます。

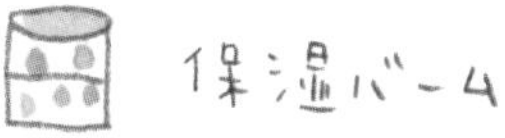

機内は乾燥しているので、唇
にも顔にも手にも使えるよう
な万能バームが必須。

髪がボサボサでもお
しゃれに決まる！

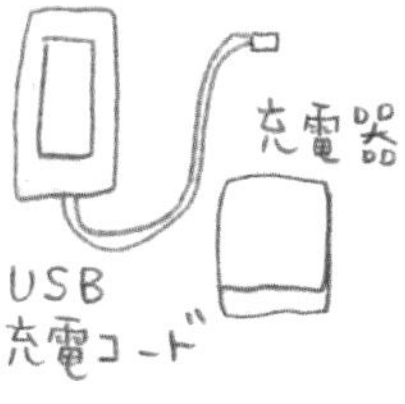

機内で充電できるように
USBの充電コードを。

・メイク・アクセはしない
・髪にも何もつけない
・ウェストゴムのらくちん服

よく眠れるようにお守りサプリを

ふだんから、眠れなかったり、夜中に起きてしまったりすることが時々あります。自宅にいるときは、眠れないことに焦ったり後ろ向きな気持ちにならないよう、布団でゴロゴロしていた時間も睡眠時間とカウントしています。でも3週間の海外旅行中は、いつもより心もからだもパワーがいるので睡眠不足になるのはちょっと不安。そこでメラトニンのサプリを持って行きました。

サプリは「アイハーブ iHerb」という自然派・健康関連商品を扱うアメリカのECサイトで購入しました。眠りたい30分前に飲んでおくと、自然な眠気がやってきます。旅の間はよく歩いていたので、サプリに頼らずぐっすり眠れる日が多かったのですが、2回ほど服用しました。このサプリの気に入っているところは、朝スッキリ目覚められるところです。頭が重い、だるい、などの症状はまったくありませんでした。

行きも帰りも14時間の長いフライトだったので、機内ではメラトニンのサプリが役に立ちました。ラベンダーオイルのサプリも、不安になったりイライラしたときに飲むとリラックス効果があるそうで、お守り代わりに持って行ったのですが、毎日楽しくて、こちらの出番はありませんでした。

メラトニン
ラベンダーサプリ
now
Melatonin
5mg
Calm Aid
← 眠れないときのお守りサプリ

洋服はブラックとホワイト縛りで

今回の旅行で大事にしたかったのは、おしゃれを楽しむこと。ロンドンでワークショップをする予定もあったので、英語ができないぶん、ファッションで自分らしさをお伝えしたいという思いがありました。そこで自分なりに考えたのが、ブラックとホワイトのアイテムだけに絞ってコーデしてみようというアイデアです（デニムジャケットだけ特別出演）。結果、これがとてもよかった。厳選した10点のアイテムで12通りの組み合わせ（22〜23ページ参照）を楽しむことができました。

持って行ったアイテム

洋服10点と小物

10点着まわし旅コーデ 約3週間

a ボーダーシャツ×ホワイトキュロットスカート。ブルーのソックスを差し色に。b ギンガムセットアップにリネンの上着とボンボンバッグの黒でコーデを締める。c ギンガムセットアップはどこも締め付けずお腹がゴムなので乗り物移動に最適。

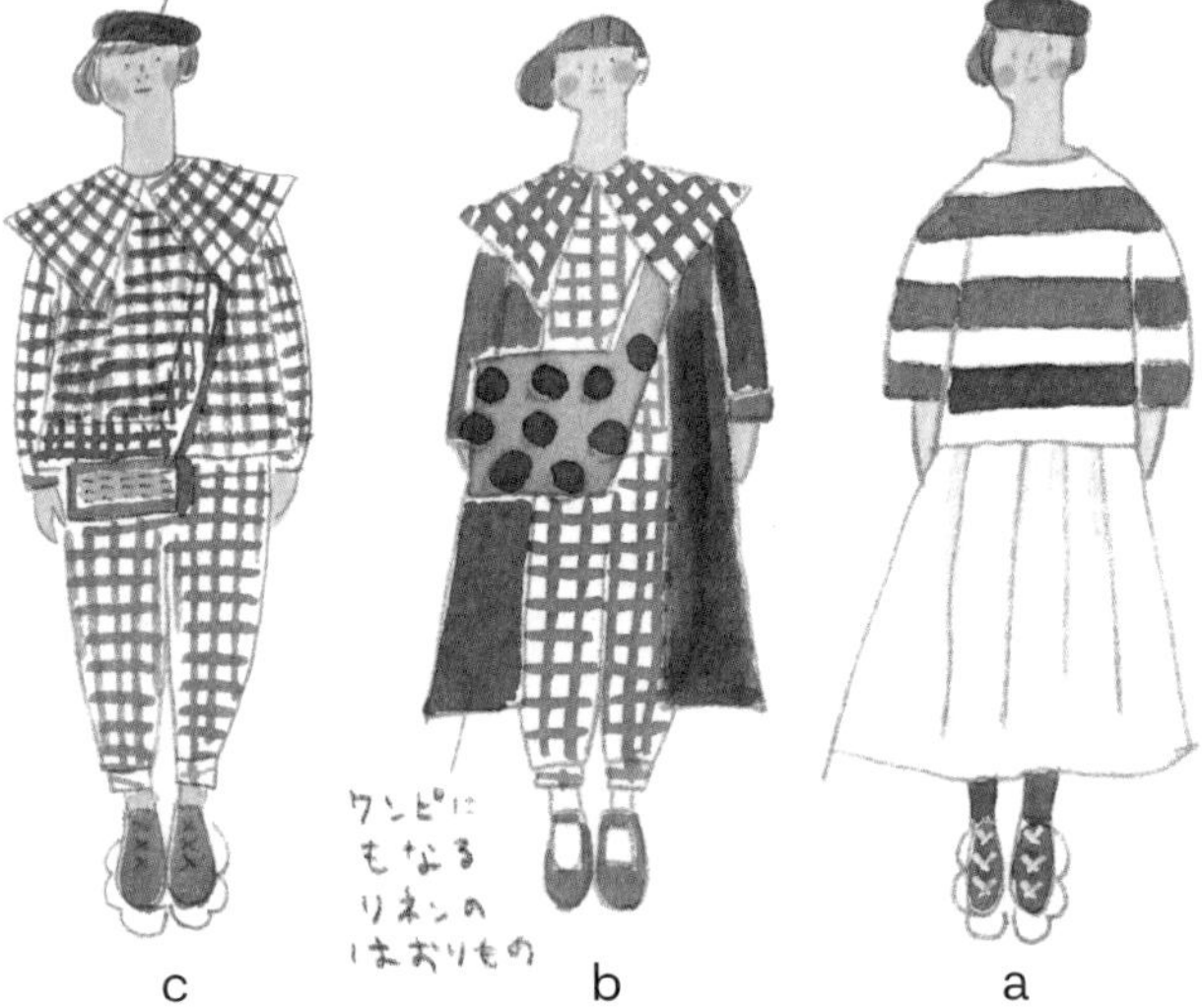

c　b　a

f　e　d

d 太陽の下に出かけるときは麦わら帽子とかごバッグがお似合い！ e らくちんサロペットはポリエステルなので乾きも早くしわになりにくく旅に重宝。f レースブラウスのホワイト乙女コーデはスニーカーでバランスを。

i　h　g

g ピエロみたいにコケティッシュなコーデには水玉靴下を合わせて。
h マリメッコのワンピースを着てフィンランドを歩いてみたかった！　i 白ブラウスと黒ボトムスはどんなものでもしっくり。着まわしに最高。

j 朝晩の肌寒いときにリネンのはおりものが重宝しました。
k デニムジャケットはどんなコーデにも合わせやすい万能選手。
l 髪のセットができないときはベレー帽をかぶるだけで、はい、おしゃれ。

l　k　j

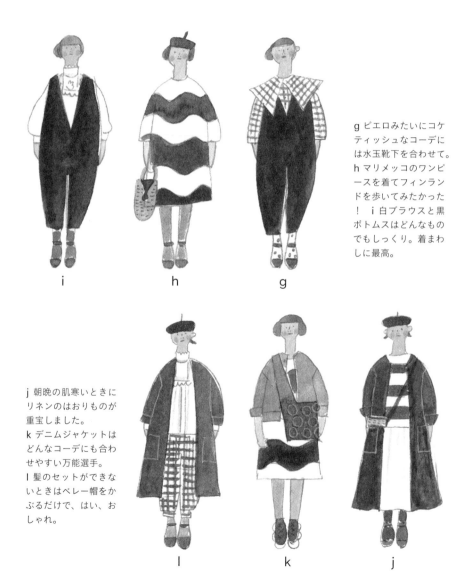

1万歩でも歩けるヒール靴

私の日常は家に引きこもっていることが多いので、スニーカーを持っていませんでした。そこで娘と息子がはいている「グラウンズ」のスニーカーを購入。孫悟空がのっかっている雲みたいな透明のソールがかわいいメイドインジャパンのスニーカーです。

おしゃれを楽しむためにヒール靴もひとつ欲しい、ということで、旅の相棒に選んだのは、ビルケンシュトックのメリーです。私は親指の爪が上に反っているので、つま先が狭くなっているデザインの靴は足が痛くなってしまいます。そんな自分の足の形に合うヒール靴を長年探していて、ビルケンシュトックのメリー、トリッペンのオリノコ、ダンスコのマリアの3つを見つけました。ヒールは5～6センチくらいあるので、洋服のシルエットがきれいに見えます。今回メリーを選んだ理由は、いちばん軽かったから。コルクのソールなのでヨーロッパの旧市街に多い石畳の街もスイスイ歩けました。

「きんとうん」みたいな
グラウンズのスニーカー

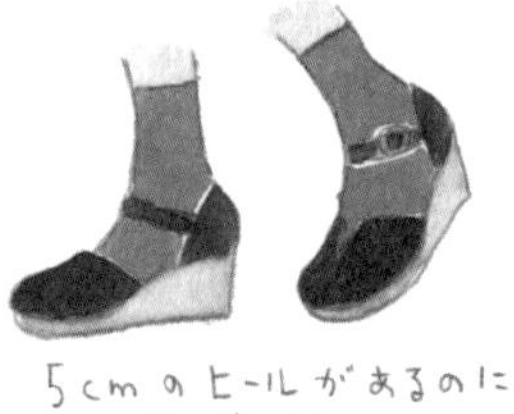

5cmのヒールがあるのに
ガンガン歩ける
ビルケンシュトックのMary

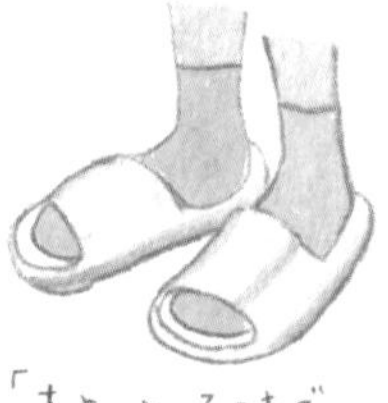

「ちょっと そこまで」
「室内スリッパ」として
3COINSのサンダルも
重宝しました

旅先で白髪染めはどうする?

長期間の旅となると、気になるのが白髪問題。白髪染めを持参してもよかったのですが、せっかくの旅だしちょっと遊んで気持ちを上げたいな、と赤とピンクのカラーバターを持って行きました。カラーバターは、塗布すると髪色がチェンジできるトリートメントのようなもの。ここ最近、白髪をぼかすために、髪全体にまばらにブリーチを入れているのですが、ブリーチ毛のほうが色がきれいに入るんです。旅先では、ほんのりピンクを入れて白髪をポジティブなおしゃれとして楽しみました。

最終手段として、ブラックのベレー帽も持って行きました。もはやベレー帽は私のおしゃれウィッグと呼んでもいいくらい、頼りにしています。

RED
赤いカラートリートメントで
うきうきヘアーに
カラーバタープチ
RED
PINK
20gの小分けパック
を旅に持って行きました

スマホを持って初めての海外へ

12年ぶりの海外旅行で何よりも大きな変化を感じたのは「スマホ」の存在です。12年前は影も形もなかったものなので、この違いには本当にびっくり。まるで浦島太郎気分でした。昔は国際電話は何万円もするようなお金がかかるものだったけれど、今はラインでいつでも、日本の家族や友人、仕事仲間と無料でやりとりできます。スマホさえあれば、重たいカメラを持っていく必要もないし、あらかじめダウンロードしておけばコードレスイヤホンでいつだって音楽も映画もドラマも楽しめます。今回私が行った国では、小さな店でも「ピッ」とスマホでタッチ決済するのが主流でした。キャッシュオンリーの店は屋外のマーケットくらいでした。

◎非接触型（コンタクトレス）決済が便利

今回の旅で感じたのは、非接触型（コンタクトレス）決済をできるようにしておくことが必須ということ。私はiPhoneユーザーなのでApple Payが便利でした。今回訪れた国はすべて、Apple Pay（Google Pay）を使った非接触型決済対応国だったので、現金は使わず、クレジットカードも財布から出さずに、ほとんどスマホでタッチするだけで支払いが完了。レストランやスーパー、小さな雑貨店やお土産屋さんまでほとんどが非接触型決済ＯＫでした。

ロンドンでは電車に乗るとき、スマホを改札ゲートにピッとタッチするだけで入ることができ、バスにも乗れました。スマホさえあれば、まるでPASMOやSuicaと同じ感覚でロンドンを自由に動きまわることができるのです。ややこしい切符の買い方に悩まなくていいのは本当に気が楽でした。

蚤の市や市場はキャッシュオンリーのところもあるので、少しは現地の現金を持ち歩く必要があります。私は旅の前に日本円をユーロなどに両替することはせず、クレジットカードを利用して現地のＡＴＭで現地の通貨をキャッシングしました。キャッシングというと抵抗がある方もいるかもしれませんが、利用したぶんはクレジットカードと同様に翌月に一括返済でき、利用方法によっては両替の手数料よりもお得な場合もあります。利用額をしっかり把握しておけば心配はいりません。

◎飛行機のチェックインは前日にオンラインで

往復の飛行機のチケットは、「スカイスキャナー」というサイトで友人がとってくれました。飛行機に預けることができる荷物の重さやサイズ、個数などには注意が必要です。今回の帰りの飛行機はフィンランドから羽田への直行便で、23キロの荷物を2個まで預けることができたので、たくさんのお土産とともに帰ってくることができました。

飛行機が出発する24時間前からオンラインでチェックインできるので、当日はとても楽です。飛行機のチケットはスマホアプリの中にあり、時間のかかる手続きなしで搭乗できました。

◎プリペイドSIMカードを買っておく

3週間の旅の欠かせない相棒、スマホを支えてくれた影の功労者は、12GBのプリペイドSIMカードです。3000分無料通話付き、30日間有効で、通信容量もたっぷり。高額請求を心配せずに安心して使えます。SIMカードを使った場合はスマホだけでインターネット接続が行えるため、ポケット型Wi-Fiを持ち歩く必要がありません。

私は事前にアマゾンでヨーロッパで使えるものを2000円くらいで購入しました。結果、グーグルマップを毎日使い、インスタグラムも更新していましたが、容量は余るほどでしたし、つながらなくて困ったということもありませんでした。でも、海外に着いたらSIMカードを入れ替えるだけで使えると思っていて大失敗しました。結局、ロンドン

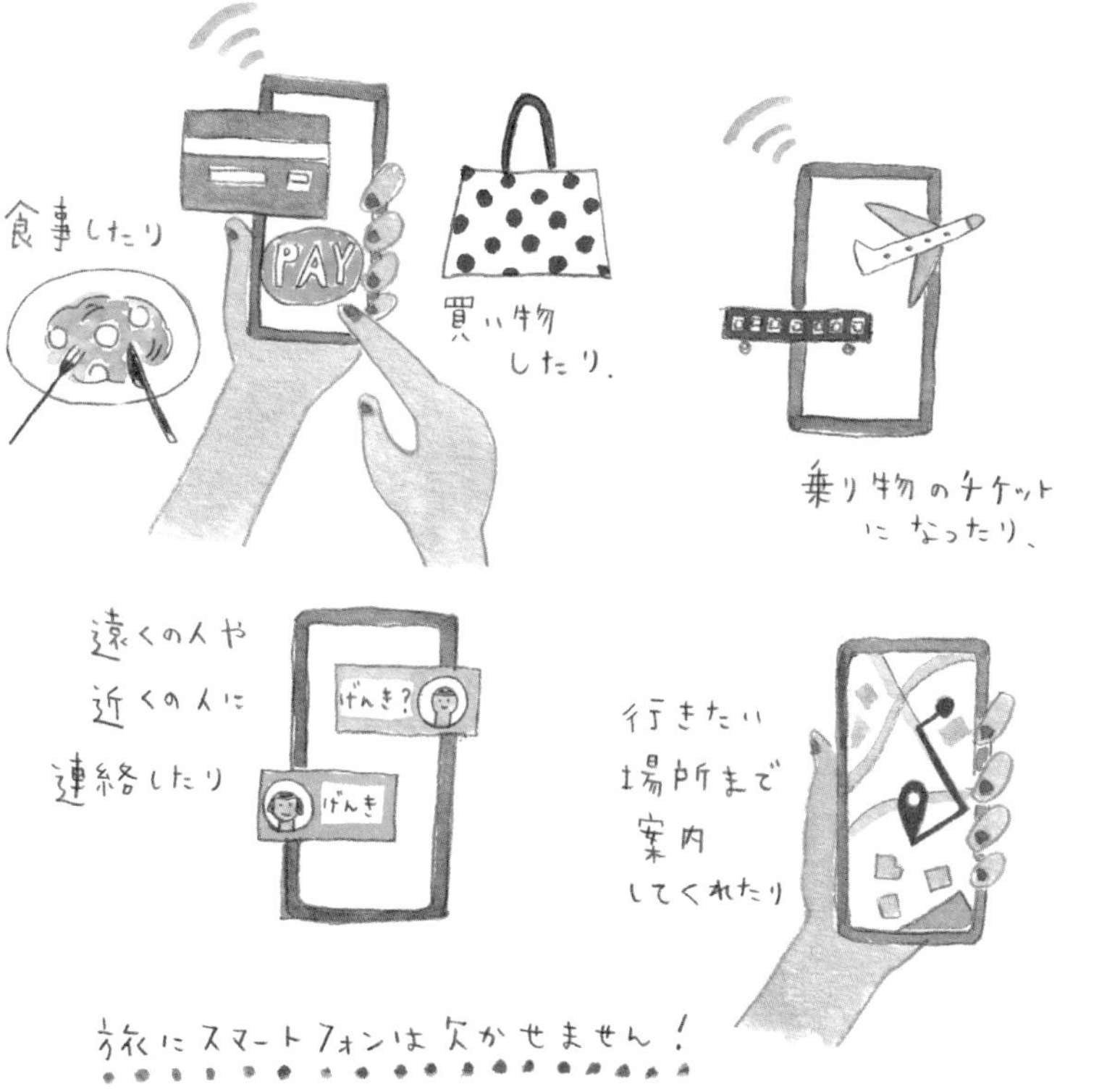
食事したり
PAY
買い物
したり。
乗り物のチケット
になったり、
遠くの人や
近くの人に
連絡したり
げんき?
げんき
行きたい
場所まで
案内
してくれたり
旅にスマートフォンは欠かせません!

1日目はインターネットにつながらず、不安な時間を過ごすことに。後からわかったのですが、あらかじめネット接続した状態で、開通のための設定を行っておく必要があったのです。ホテルのWi-Fiに接続して設定を行い、使えるようになったときは、心底ほっとしました。

スマホに入れておくと便利なアプリ

ホテル・宿

Airbnb

民泊仲介サイト。エリアや料金はもちろん、部屋や建物のタイプ、洗濯機やキッチンなどの各種設備、ホスト（部屋の提供者）の使用言語などで絞り込み検索できる。

Booking.com

世界最大級の宿泊予約サイト。絞り込み機能で価格の上限・下限やホテルランク、無料Wi-Fi、バスタブやエアコンといった各種設備の有無などを細かく設定できる。

乗り物

omio

現在地から目的地までの最適な交通手段を探してくれる。ヨーロッパ全域の交通を一括検索でき、アプリ内でそのままチケットの予約も可能。

FLIX Bus

ドイツの会社が運営しているヨーロッパ全域を走っているバス。価格も安くて、車内はWi-Fiあり、トイレあり、コンセントありで長距離移動も楽々。

HSL

ヘルシンキ地域交通局のアプリ。バス、電車、地下鉄、路面電車、フェリーのチケットの購入や、最適な路線を見つけることが可能。

Bolt

エストニアのタリンに本社を置くタクシー配車アプリ。料金は移動距離に応じて事前にわかるので安心。

Uber

タクシー配車アプリ。目的地を入力すると、到着までの時間、見積もり、ドライバーの名前や評価なども表示されるので、現地の言葉が話せなくても大丈夫。

Skyscanner

最安値の航空券を一度に検索、比較できるアプリ。航空券、ホテル、レンタカーまで検索して予約できる。

エンタメ

Netflix

事前にダウンロードしておき、長時間の移動のお供に。現地では日本とは違う各国のコンテンツが見られて新鮮！

言語

Google翻訳

100以上の言語に対応している翻訳アプリ。手入力のほかに、音声入力、画像読み込み、スマホのカメラを使った画像内のリアルタイム翻訳なども可能。読み上げ機能も。

DeepL

従来の翻訳サービスよりも精度が高く、自然に近い翻訳ができる。私はインスタで知り合った人とのメッセージのやりとりにはこちらのアプリを使用。

地図

Google Maps

お店探しから交通手段の検索、カーナビ機能まで、なくてはならない旅の相棒！

お金

PayPal

相手にクレジットカード番号や口座番号を知らせることなくお金のやりとりができる。現地で個人から買い物をする際などに便利。200以上の国や地域で利用可能。

Currency

150種以上の海外通貨に対応しているアプリ。リアルタイムで海外のレートを確認できる。

コミュニケーション

LINE

日本にいる家族や友人、仕事仲間とのやりとりをいつでも無料でできるなんて、すばらしすぎる！

WhatsApp

世界中で使えるメッセンジャーアプリ。仲良くなったらすぐ交換！

Instagram

旅の記録を毎日フォロワーさんに紹介。インスタで出会った人に会いに行くときは連絡手段としても活用。

UBER

London

ロンドン

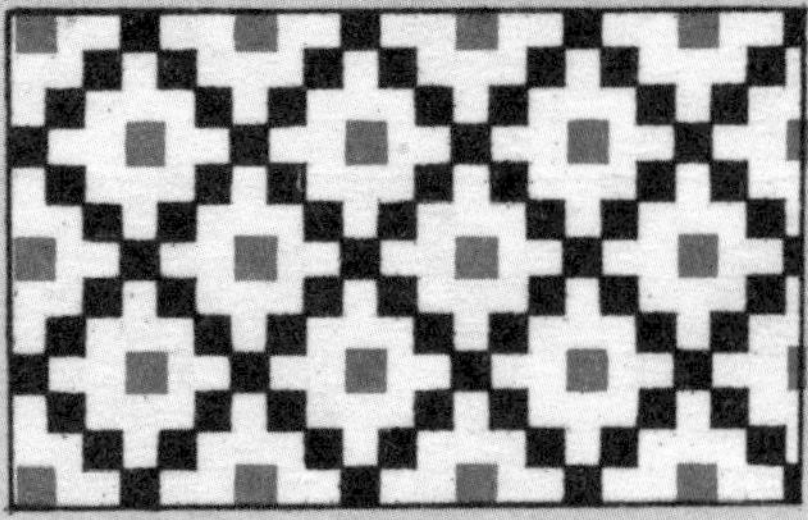

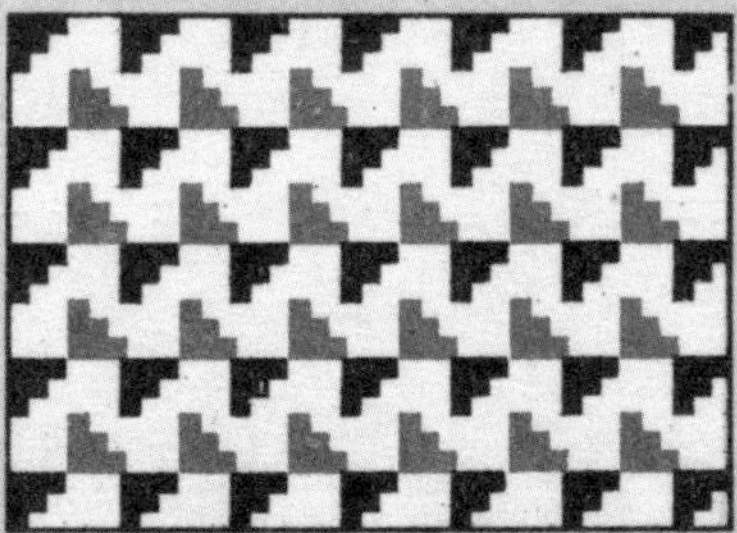

ロンドン街歩き

12年ぶりの海外、はじめてのロンドン！　最初はビビって緊張していたのですが、2日目には慣れて、ひとりで街歩きができるようになりました。何より切符を買わなくてもいいのが助かります。アンダーグラウンド（地下鉄）も街中を走っている赤くてかわいい二階建てバスも、クレジットカードと連携させたスマホをピッと当てるだけで乗れてしまうのです。土地勘もなく英語も話せない観光客にはめちゃくちゃ便利で、グーグルマップとにらめっこしながら、ひとりで散策を楽しみました。

ロンドンのアンダーグラウンドに乗ると、本当にいろいろな人がいることにドキドキします。日本にはない光景です。白人や黒人だけでなく、中東系やアジア系など、さまざまな人種の人が暮らしています。ほぼ日本人だけの環境で育った私には「外国人」という意識があるけれど、ロンドンで暮らす人たちに「外国人」という感覚はないのかもしれません。レストランや駅のハンバーガーショップでは、「ベジタリアン」「牛肉なし」「豚肉なし」「乳製品なし」など、複数の食の選択ができました。さまざまな人種が暮らす多国籍都市。衣食住すべてにおいて、各人が自分の選択基準を持って暮らしているのを感じます。

言葉が英語なのは、もちろん不安もありました。私の英語のマックスは、「Can I have a coffee?」と言うこと。しゃべるのも聞くことも苦手

ホテルのドアマン
制服がカッコいい

蝶ネクタイが

です。街のカフェでコーヒーを注文するのもドキドキでした。相手の目を見て指差し注文し、オーダーできたら笑顔で「Thank you」と伝えるというのが私のコミュニケーションの基本。旅の間は、ずっとこの戦法で乗り切りました。相手の目を見ると、伝わるものがあるんです。「何かしようとしてる、何か欲しがってる、この小さいおばさんを助けてあげよう!」というみなさんのやさしい気持ちが伝わってきて、ありがたかった。笑顔でフレンドリーに接してくれたロンドンの人たちに感謝です。

初の海外ワークショップ体験

今回の旅のきっかけは、ロンドンにある「LOOP（ループ）」というかわいい毛糸屋さんでワークショップをするお話をいただいたことでした。ある日、私のインスタグラムのサシコステッチを見たLOOPの店主スーザンから、ダイレクトメッセージが届いたのです。そしてあれよあれよという間に開催が決定しました。

LOOPは、エンジェル駅の近くにある小さな二階建てのお店です。店主であるアメリカ人のスーザンは、センスがよくチャーミングな女性。店頭にはスーザンが世界中から選んだカラフルな毛糸や手芸道具が並んでいます。手仕事好きなら、この場所にいるだけで胸がキュンキュンするはず。

ワークショップでの通訳は友人にお願いし、私はサシコステッチの刺しゅうのやり方をレクチャーしました。お客様は、日本のお客様とだいたい同じで、子育てを終えた50代の同世代の方が多かったように思います。でも、日本と違うなと思ったのは、お客さん同士が自分のことや家族の話、手仕事の話をしながらすぐに和気あいあいとしたムードになること。日本の人は、仲良くなるのに時間がかかりますし、はじめて会った人に自分や家族のことをあまり話したがらないものですが、ロンドンの人はワークショップの間、集中して手仕事を楽しみながらも、おしゃ

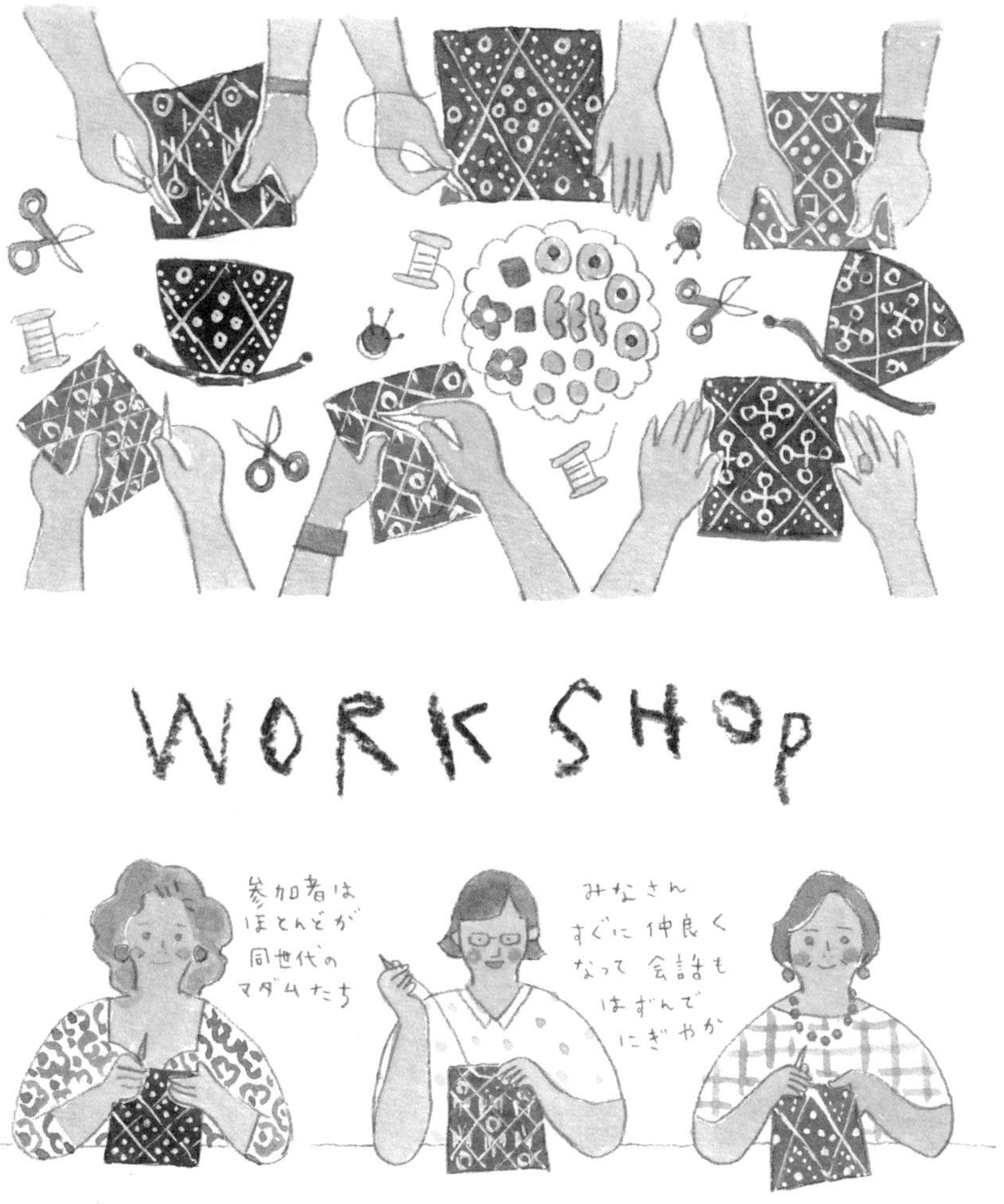
WORK SHOP
参加者は
ほとんどが
同世代の
マダムたち
みなさん
すぐに 仲良く
なって 会話も
はずんで
にぎやか

べりに花を咲かせていました。そして、かっこいいなと思ったのは、終わりの時間がくるとさらりと切り替えて去って行くところ。人間関係がさっぱりしていて、自分の時間を大切にしていることがわかりました。

ワークショップの最中にお話を聞いていると、50歳から大学に通って、今は小さな子どもに美術を教えてるのよ、という人も。50代が二度目の青春であることは、世界中同じなのかもしれません。

手編みの
ストール

毛糸の
ビスチェ
LOOPのアルバイト
の女の子たち。
みんな自分の
手編みの作品
身につけていて
かわいすぎ!

ミックスカラーのストールネックレス
ピンクのポシェット
かわいいモチーフが並んだベスト
LOOP GIRL

知らなかったロンドンの紅茶の話

ロンドンでは、「tea（ティー）」といえば、ミルクを入れて飲むのが普通なのだそうです。それを「white tea（ホワイトティー）」と呼びます。「ミルクティー」や「ロイヤルミルクティー」という呼び方はイギリスにはなく、日本でだけ通じる呼び名なんだそう。

ワークショップに参加されたみなさんに「家でいつもどんな紅茶を飲んでいますか？」と聞いたところ、「YORKSHIRE TEA（ヨークシャーティー）」、「PG Tips（ピージーティップス）」という名前が上がりました。この2つがスーパーで買える定番ブランドのようです。

ヨークシャーティーを買って宿で飲んでみたところ、日本の紅茶より味が濃い。ミルクを入れるのを前提に作られているだけのことはあります。しかも日本で飲む紅茶より色が紅《あか》くてミルクを入れるとピンク色に。飲んでみて、これは何かと似ているなと感じました。そう、これはチャイだ！　生姜と砂糖を入れて煮つめたらチャイになる濃い味でした。

勝手にロンドンの紅茶は透明感があって香り高くお上品というイメージを持っていたので、こんなにがつんと濃厚なホワイトティーに驚きました。私はチャイが好きなので、とっても好みの味。旅の間は、毎朝目覚めたらホワイトティーからスタートしました。

ポットで出てきて
お湯は おかわり自由!

リバティ本店にある「ARTHUR'S CAFÉ（アーサーズカフェ）」で念願のティータイムを楽しみました。クロテッドクリームはスコーンと相性抜群で、癖になるおいしさです。

グリーンパークでビールを

ロンドンの街の真ん中には、一般市民に開放された美しい公園がたくさんあります。てくてく街を歩いてめぐっていると、いくつもの公園を横切ることに。そのたびに、公園でくつろぐロンドン市民のみなさんの様子を見て、ほっこり和みました。老夫婦がゆっくり散歩していたり、若者が寝転がっていたり、小さな子どもが走りまわっていたり。都会にいながらいつもそばに自然があるのは、本当にうらやましい限りです。

なかでも気に入ったのは、グリーンパーク。見上げるような大木が立ち並び、まるで大きな緑のドームにいるよう。友人は、この大木の中に住むリスにどうしても会いたいと、日本からクルミを持参したほどでした。売店でビールを買ってゴロゴロしたりピクニックを楽しんでいたら、リスを発見！　自然の一部のようにじっとしている友人のすぐ横まで来てくれて、本場のリスとの出会いに大興奮でした。

夜の10時ごろまで明るいので、この日はのんびり夜のピクニックを楽しみました。自然に身をゆだねると、旅の疲れがとれてエネルギーをチャージできます。

GREEN PARK / LONDON
ヒマワリの種

レベッカさんのヴィンテージファブリック

インスタグラムで相互フォローしたことがきっかけで、連絡を取り合うようになったロンドンに住むレベッカ。インドのカンタ刺しゅうやフランスのヴィンテージファブリックのコレクターです。古い布もののコレクションを自宅に見に来てもいいわよと言ってくれたので、お邪魔しました。

ペチコートやエプロン、手刺しゅう入りのキッチンクロス、赤ちゃん用のレースの付け襟など、かわいすぎて興奮してしまうものばかりがお部屋にずらり。１００年以上前に生み出された手仕事の美しさは、見ているだけでときめきます。せっかくのご縁は大事にしたいので、気に入ったものをたくさん購入しました。私の宝物です。

私は古いものが好きです。コレクターではありませんが、古いものだからこそ伝わってくるモノの背景にあるストーリー、にじみ出る愛しさ、懐かしさ、あたたかさがたまらなく好きなのです。人の手によって作られ、長い時間をかけてめぐりめぐってたまたま今私の目の前にあるものたち。世界にたったひとつしかないもの。偶然ではあるけれど奇跡の出会いを感じずにはいられません。

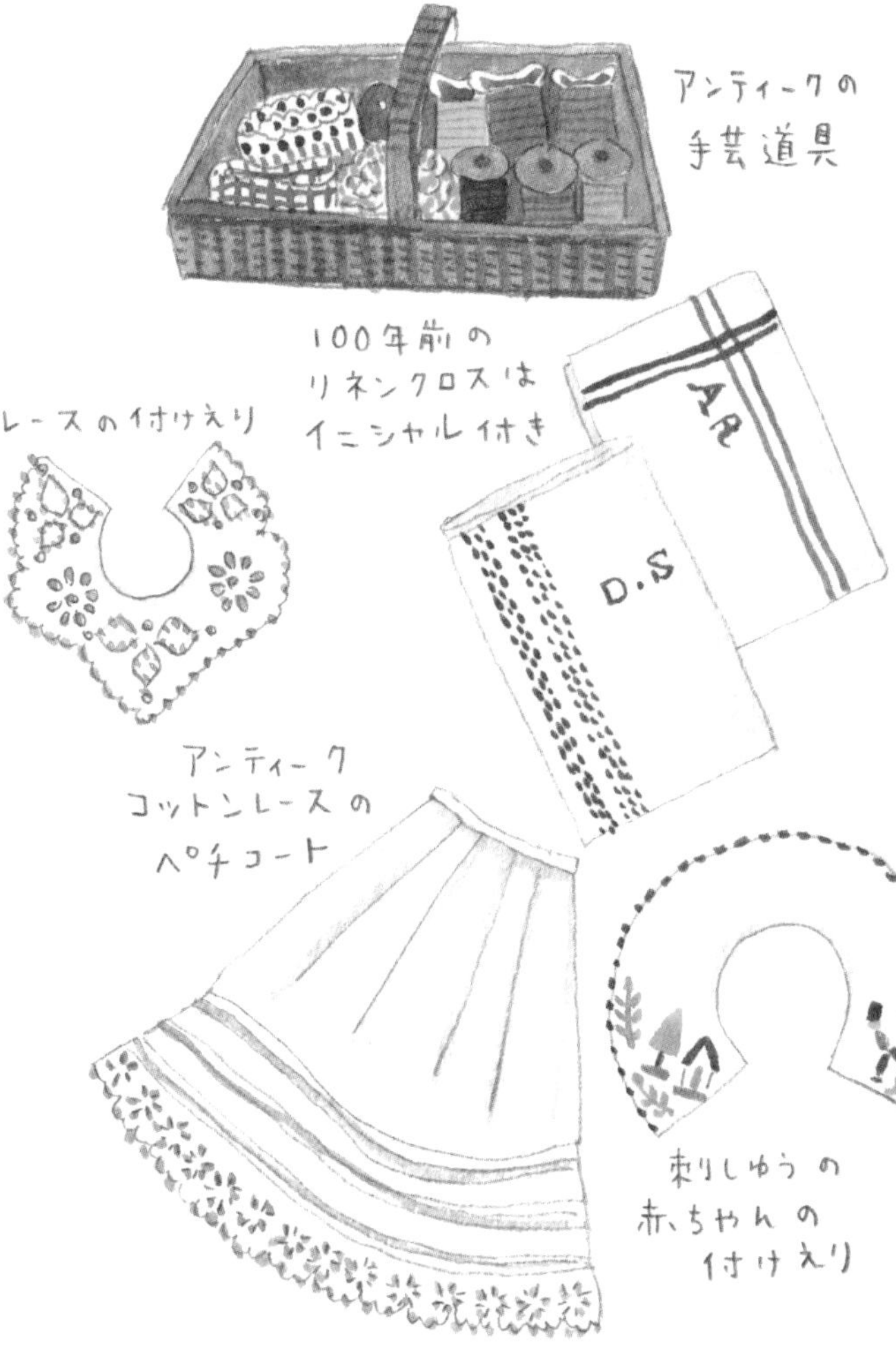
アンティークの
手芸道具
100年前の
リネンクロスは
イニシャル付き
AR
D.S
レースの付けえり
アンティーク
コットンレースの
ペチコート
刺しゅうの
赤ちゃんの
付けえり

スマホの充電が無くなりそうに！

英語がわからなくても、グーグルマップに日本語で入力すれば、「次の信号を左に曲がって」などと日本語でナビゲーションしてくれます。「あと1時間後に閉店します」といった目的地の情報も教えてくれるし、近くにあるオススメのお店も教えてくれるので、ガイドブックを持ち歩く必要がありません。

これならどこにでも行ける！　と意気揚々とロンドンの街をひとりで闊歩《かっぽ》していたときのこと。充電があと少しになりました。モバイルバッテリーを持っているからと安心していたのですが、なんとケーブルの差し込み口の形状が合わなくて使えない！　モバイルバッテリーはＵＳＢ接続だったのに、私が持っていたケーブルはType-Cのものだったのです。

スマホに頼り切っていたので、ロンドンの地下鉄の何線に乗ってどこで乗り換えればいいのかもわかりません。とりあえず充電をたくさん消費するグーグルマップのナビゲーション機能は使わないことに。残りわずかなバッテリーで目的地までの道のりを調べ、スクショしてノートにメモって、なんとか乗り切ることができました。飛行機や電車でも私が持っていたケーブルは使えませんでした。ケーブルには要注意と肝に銘じた出来事でした。

スケッチブックと
ミニ絵の具セットを持ち歩く

大学生のころから、旅に出るときは小さなスケッチブックを持って行くようにしています。旅に出る前から、旅先で着る洋服の着まわしコーデや、カバンに入れるものなどをイラストでリストアップしながら準備を進めています。

旅先では、見つけたもの、好きだと感じたもの、おいしかったもの、魅力的な人……など、なんでも気軽に描きます。イラストに短い文を添えて。消して描き直しもできるフリクションで描いてから、水彩絵の具で色づけします。水彩絵の具は持ち運びに便利な固形水彩がおすすめです。私は鮮やかな発色が気に入っている「DALER ROWNEY（デーラーラウニー）」のメタルボックス16色入りを持って行きました。小さな筆と水があればどこでもささっと着色できるのがいいところ。夜寝る前にベッドの上でその日のことを思い出しながら色づけしています。

スケッチブックには描くだけではなく、ショップカードやチケット、かわいいアメの包み紙などもペタペタ貼り付けて記録にします。旅先ではハサミを持ち歩けないので、手でちぎれるマスキングテープが便利。あっという間にかわいいコラージュが出来上がります。公園に咲いていた花や葉っぱなどを押し花にするのも素敵です。

絵を描くことで、「観察する力」が鍛えられるそうです。旅の間、スケッチブックに描きたいもの、貼りたいものを探すという新しい目線が増えると、心の感度が上がって街歩きも一層楽しくなります。帰ってから写真を見て思い出しながら描くこともあり、そうすると旅を二度味わえて、より深く心に刻まれます。

10年以上前の旅日記を見返すと、写真には残せない、その時その場で感じた記憶までもがよみがえります。匂いや味、湿度や光、からだ全体で感じたこと——これは旅日記ならではの醍醐味です。

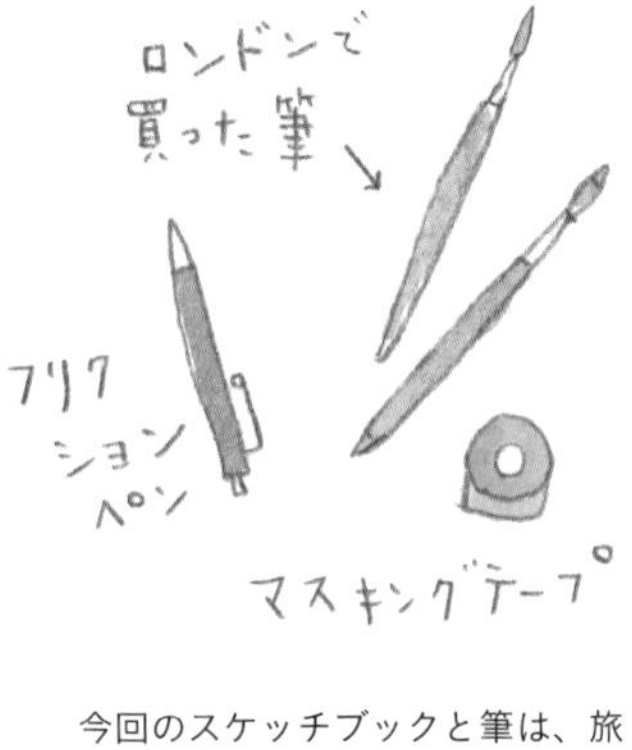

今回のスケッチブックと筆は、旅先のロンドンで購入。ロンドンで画材屋さんを探して歩きまわったことも、いい思い出になりました。

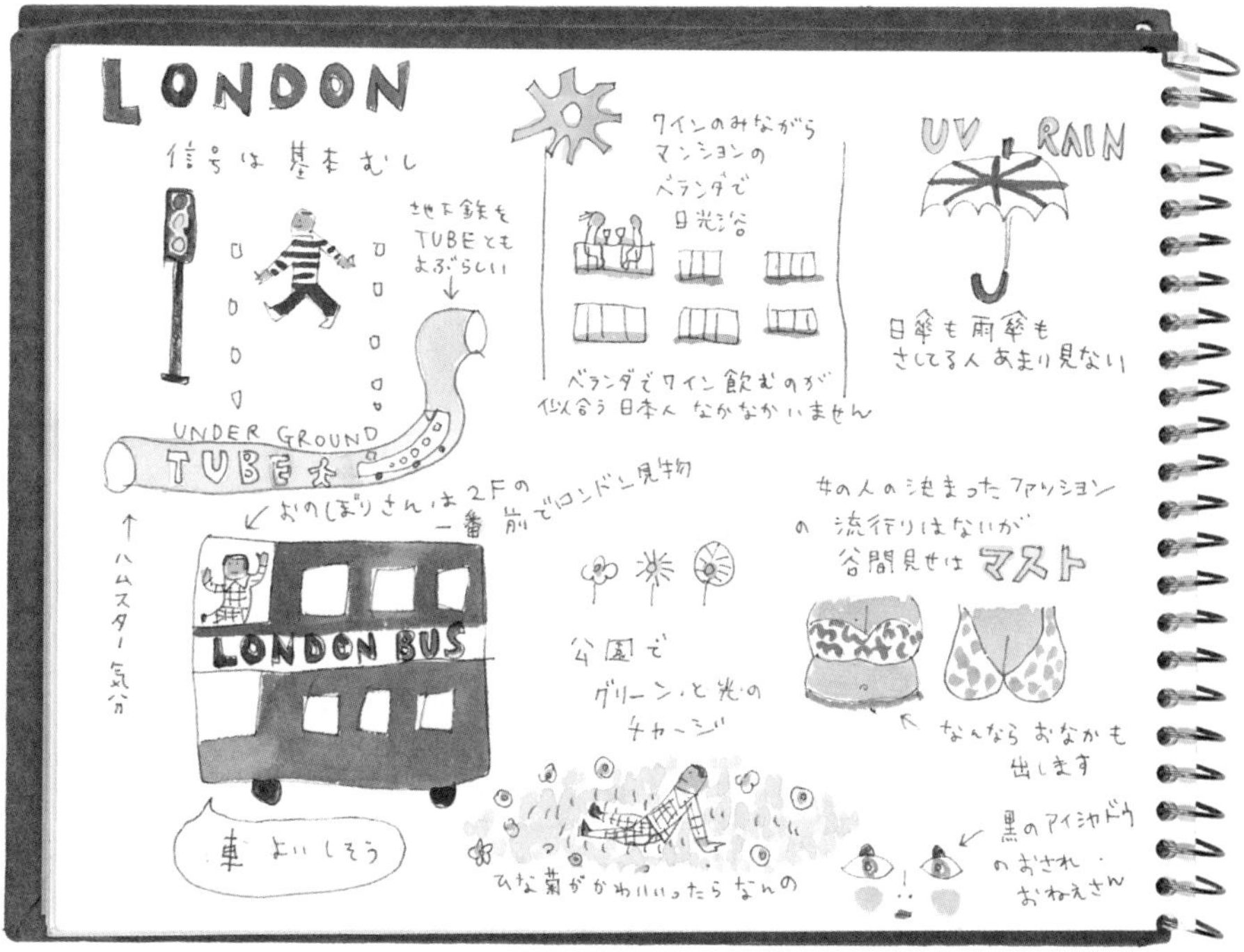

ロンドンはヴィンテージのおしゃれなトランクの中に、ごちゃごちゃと世界中のものが詰まっているイメージの街でした。ピカピカに掃除された街ではないところも嫌いではなかったな。

ラトビアのリガの街では、扉や窓のデザイン集めに夢中になりました。日本にはないデザインが新鮮。どれも100年以上前から使われ、たくさんの人が開いてきた扉です。

日本のチラシってツルツルツヤツヤ、カラフルなもの
が多いから、海外のカサカサした紙質やシックな色使
いを見ると、かわいくておしゃれだなあと感じます。

旅の醍醐味は自分とのおしゃべり

旅先でひとりになると、自分の心がいろんなことを話しかけてきます。電車に乗っているとき、歩いているとき、カフェで景色を見ているとき。「あのおばあさんの洋服、かわいいね」「あの窓の形、素敵だよ」「この色の組み合わせ、いいね」などと、どんどん教えてくれるのです。そのたびに、見たことのない美しさにハッとしたり、あわててメモをしたり。心とからだが動いて満たされていくのを感じます。自分が癒されるのです。

心細くて不安なとき、私の心はさらにおしゃべりになります。ロンドンで初めてひとりでバスに乗ったときは、降りる駅のアナウンスを聞き取れる自信がないので、7歳のころみたいに降りる駅を指折り数えていました。あと4つで降りなきゃ！　と52歳にしてドキドキ。初めての冒険です。ものすごく久しぶりの感情にワクワクしました。「心細さ」というものを、青春時代はいつも抱えていたような気がします。この心細さが感受性を強くするカギだったのだなと、今回の旅で思いました。

心細さのハードルは、意外とひょいと乗り越えられるもの。行きのバスではあんなに不安だったのに、帰りのバスでは安心して居眠りしてましたから。

遠くのまちで
ひとりぼっち
そんな自分に
わくわく

Lithuania
リトアニア

リトアニアってどんな国?

リトアニアは、正式にはリトアニア共和国。首都はヴィリニュス。国土の98%が農地と森林に覆われており、大小合わせ約4000の湖を有する「森と湖の国」として知られています。ロンドンのルートン空港からリトアニアのヴィリニュス空港までは飛行機で2時間40分。今回はライアンエアーという格安航空で向かいました。空港に着いてタクシーで宿まで行く途中には、車窓越しにイケアの大きな看板も見え、思っていたよりは都会でした。

首都ヴィリニュスの旧市街地は世界遺産であり、中世の街並みがそのまま残っています。バルト海をはさんで北欧とも近いので、北欧と東欧が入り混じったような雰囲気を感じます。昔から東西欧州の接点としてさまざまな人種が住んでいたことから、カトリックと異文化の十字路ともいわれています。

レトロな石畳が続く旧市街の街歩きは、とても楽しい。花束を持ったカップルを何組も見かけました。今日はたまたまバレンタインデーのような特別な日で花をあげているのかな、と思っていましたが、どうやらそうではなく、デートの待ち合わせで男性から女性に花束をあげる習慣があるよう。も〜なんてかわいいの!

ヴィリニュスの町の屋根
にはアイアンのかわいい
十字架がたくさん！

リトアニアでは
花束を持った
カップルを
何組も
見ました
なんて
かわいいの！

初めてのエアビー体験

リトアニアでは知人たちと合流し、総勢8人になりました。毎年6月にラトビアで開催される「森の民芸市」を目当てに何度もバルト三国を訪れているという旅の仲間たちです。知人の知人といったゆるいつながりで、初めてお会いする人も。みなさん大人で（たぶん平均年齢50歳くらい）手仕事をされている方ばかり。この仲間たちでエアビーに泊まるのです。

「Airbnb（エアビーアンドビー）」は、通称「エアビー」と呼ばれ、世界191か国以上で利用されている民泊サービス。エアビーでは宿泊者を「ゲスト」、運営側を「ホスト」といいます。ホストが使用していない部屋や家をゲストに提供するサービスです。エアビーのアプリやサイトでは、目的地、価格、宿泊日などの条件から施設を検索し、宿泊予約ができます。その際、備え付けの設備（キッチン、洗濯機、エアコンなど）と口コミをよく見るのがポイント。家具やインテリアはホストが選んでいるので、写真も参考にしてリラックスできそうな部屋かどうかを見極めます。

キッチン付きの部屋を選べば、スーパーで土地のものを買って、そこで暮らしている人と同じように料理して食べることもできます。洗濯機があれば、洗い物も楽々。旅先の太陽で干した洗濯物を着て出かけるだけで、グッと地に足がつくようで楽しいのです。トラブルがあった場合は、メールや電話でホストと連絡をとることができます。実際、リトアニアのエアビーで窓が外れて倒れてきたのですが、ホストに連絡したところ、すぐに修理に来てくれました。

今回泊まったのは、大きなメゾネットが2軒つながっているタイプのお宿。8人でもゆったりの広さがあったので、ひとりになることもできてくつろげました。大人数でも部屋が見つけやすく、ホテルを利用するよりも宿泊費を安く抑えられるところもエアビーの魅力です。

8人の共同生活

ほぼ初対面の人たちと、同じ宿で一週間ほどの共同生活。べったりした関係でなく、さっぱりと和やかで楽しい関係を築けたのは、全員アラフィフというおばさんパワーのおかげかもしれません。旅を振り返って、しみじみよかったなと思うのは、この旅をともにした女友だちとおだやかな時間を過ごせたことです。料理、会計、後片づけ、地図を見る、通訳をする、お店を探す……など各々が得意なことで自然に役割分担ができました。今回の旅は、手仕事が好きな仲間の集まりで、それぞれ見たいもの、やりたいことがはっきりしていて、それを尊重できる関係だったのもよかったのだと思います。

近くのスーパーに食材を買いに行き、料理が得意なお仲間が、毎日見た目も味もすばらしいご飯をささっと作ってくれました。地元の新鮮な野菜やくだものをふんだんに使った料理は、ヘルシーでバランスもよく、お腹も満たされました（ちなみに私はもっぱら、食後に食器を食洗機に放り込む係）。3週間という長い旅の間、一度もストレスを感じることなく過ごせたのは、常にみんなへの感謝の気持ちが湧き出ていたからかもしれません。

BREAK FAST
豆のサラダ
目玉焼き
ベリーヨーグルト
トマト
パン
DINNER
ワイン
サーモンソテー
フレッシュオレンジジュース
サラダ
パン
コーヒー

アリエール、ジェルボール
がいい香り♪

高温のお湯で
洗うのでシミも
きれいに
取れちゃいます

日本とちがって湿度が低いので
ヒーター付きの物干しで
翌朝にはカラッと
かわきます

みんなで作って　みんなでごはん

リトアニアリネンを探しに

ヨーロッパでは花嫁道具として先祖から代々受け継がれるリネン。何十年も使えるほど丈夫で、使えば使うほどクタッとしてとろりと肌に馴染むのもリネンの魅力です。最近では、日本でも季節を問わずリネンをコーデに加えておしゃれを楽しむ人を見かけます。

街を歩いていると、あちこちにリトアニアリネンを扱うお店がありました。私が購入したお店は、伝統製法で織られたさまざまなリネンを量り売りしている「LINO NAMAI（リノ・ナマイ）」。カラフルな色がとてもきれいで、どれを買うか何時間も迷ってしまいました。布のほか、日本ではなかなか手に入らないリネンの糸やひもなども購入しました。糸はラッピングに、ひもはネックレスに、布はストールにして愛用しています。実は、かつてリトアニアにはフラックス（亜麻）を栽培する農家が数多くありましたが、今はなく、ベルギーやフランスから輸入しているそうです。フラックスの茎から繊維を取り出して糸にし、質のよいリネンを作る昔からの技術を生かして、今なお生地が生産され続けています。このリトアニアで作られているリネンを「リトアニアリネン」というそうです。日本ではリネン価格の高騰が止まらないので、お手頃な価格で買えるのがうれしい。トラックで買い付けに来たい！　と思わずにはいられませんでした。

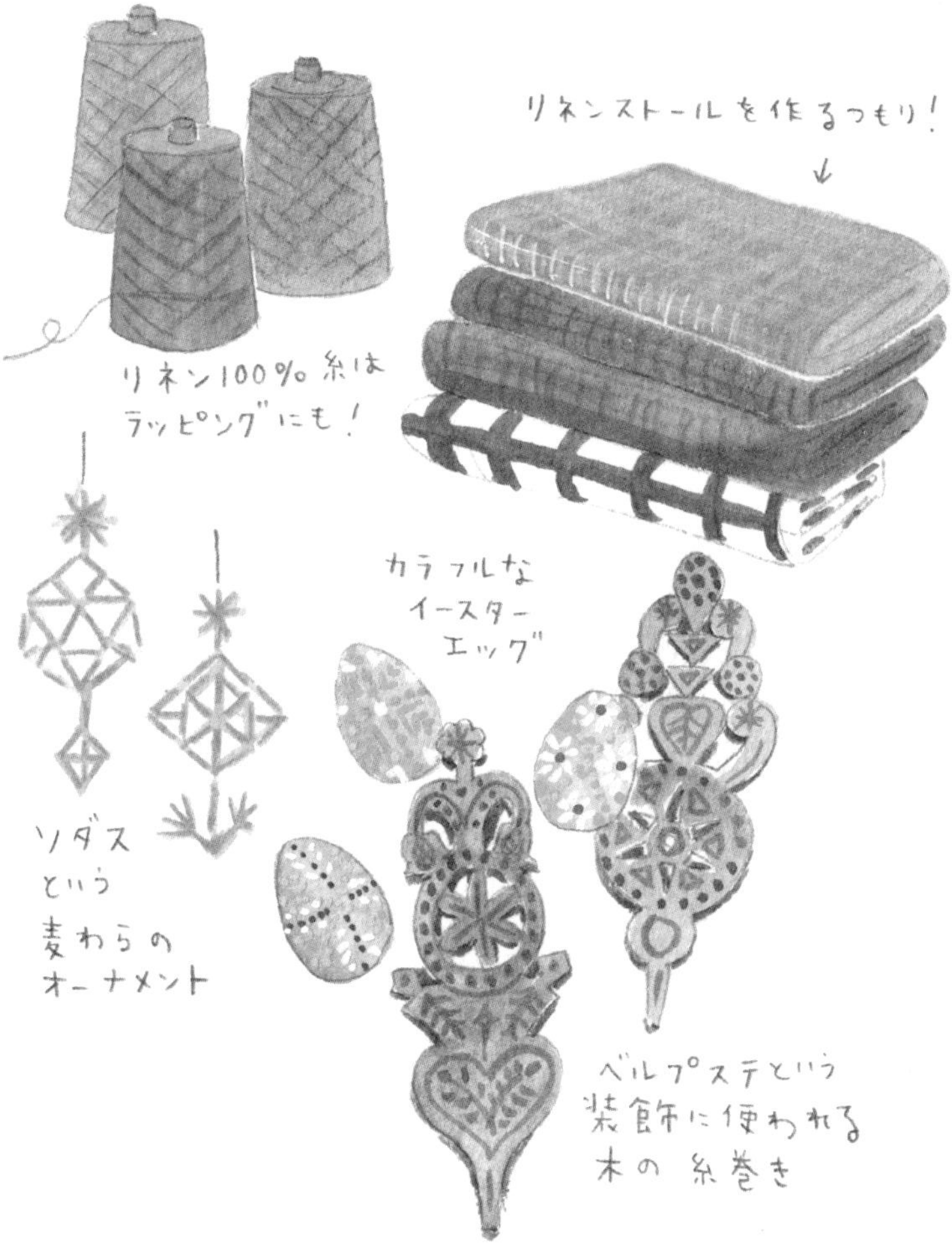
リネンストールを作るつもり!
リネン100%糸は
ラッピングにも!
カラフルな
イースター
エッグ
ソダス
という
麦わらの
オーナメント
ベルプステという
装飾に使われる
木の 糸巻き

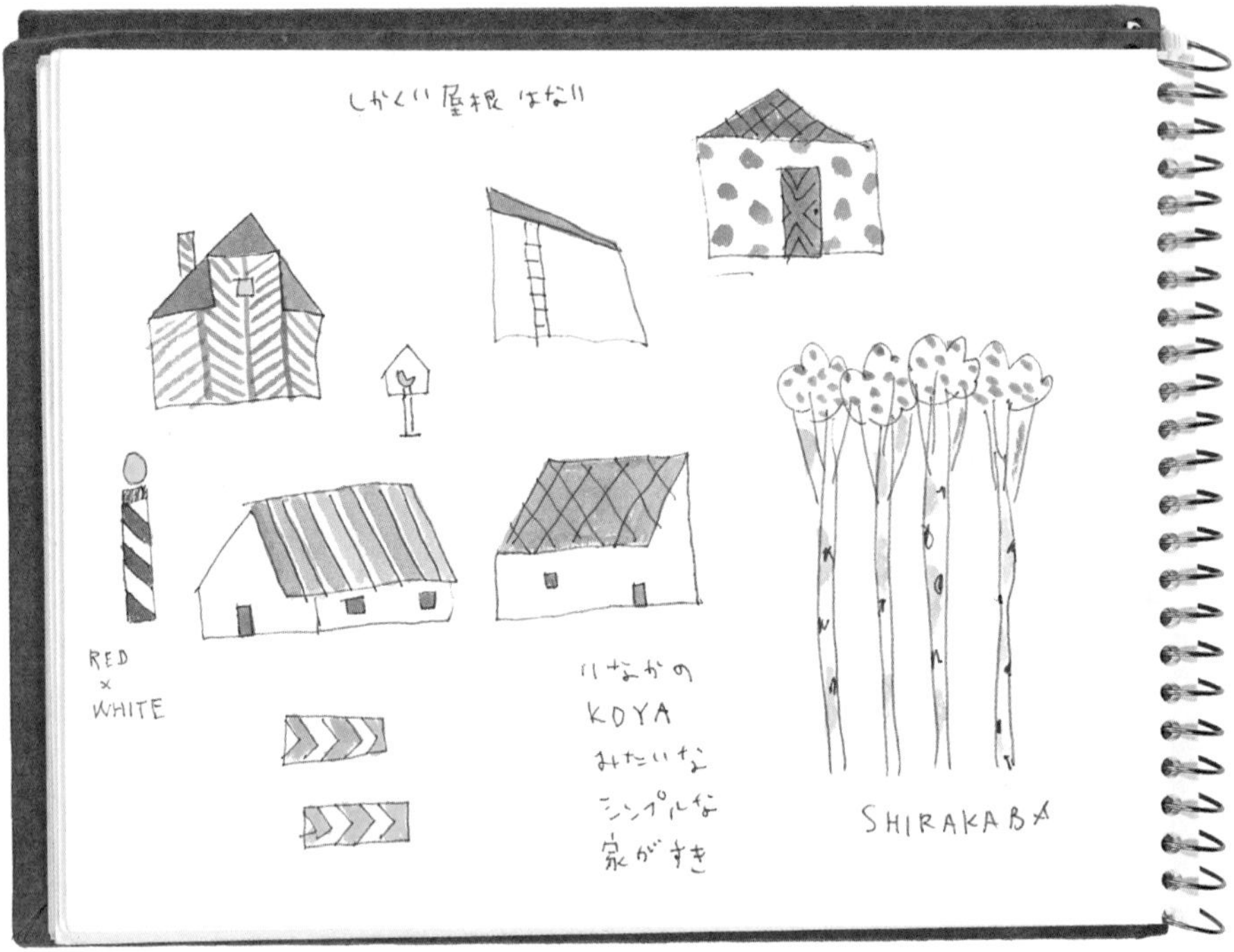

車窓から見える白樺の森の中にポツンポツンと現れる農家の小屋が素敵でスケッチ。素朴な暮らしが垣間見えます。

ロシアとアジアと北欧が混ざったような無国籍でシンプルな刺しゅうの図案に夢中になりました。どこか懐かしいのに見たことのないかわいさがたまりません。

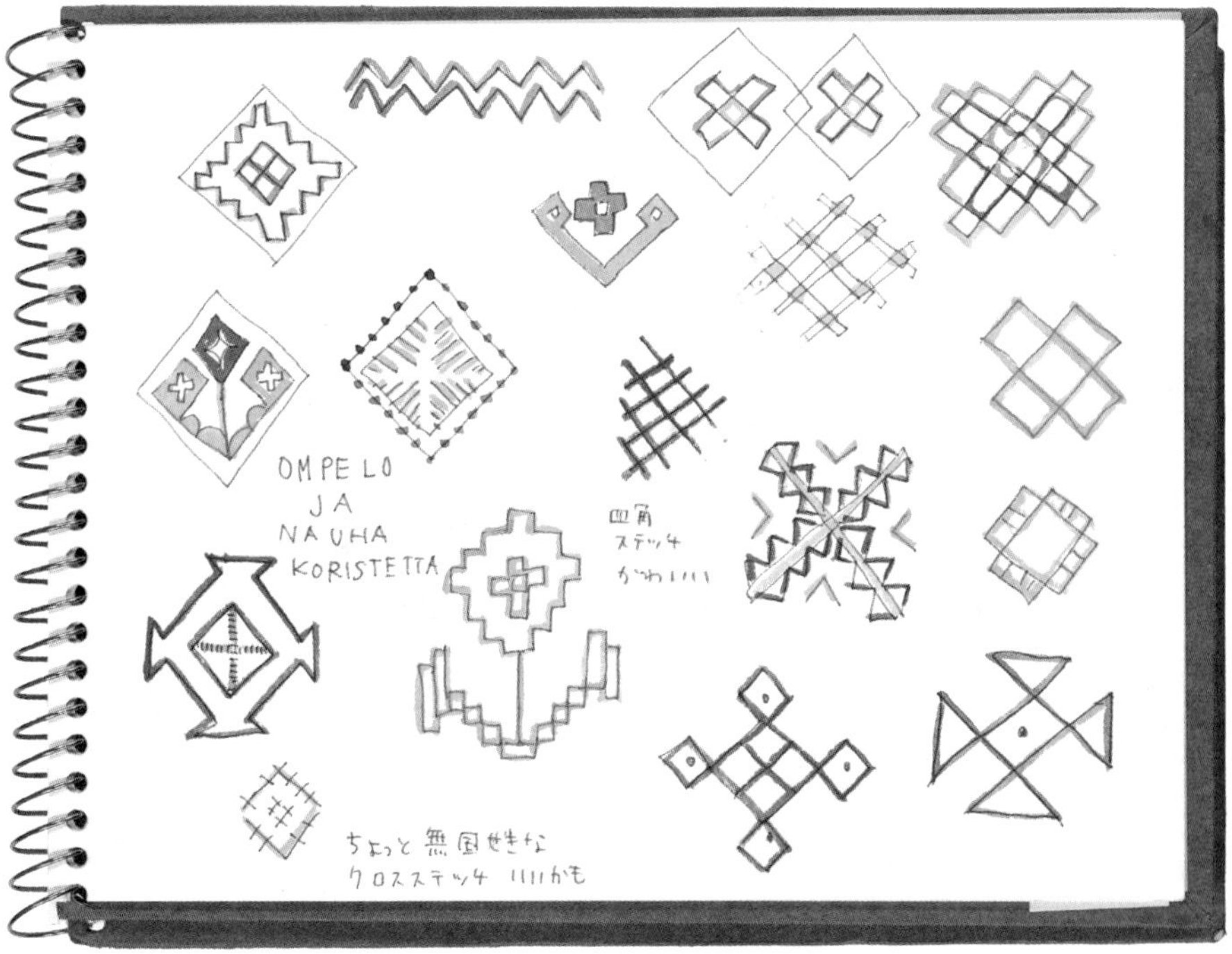

Latvia
ラトビア

ラトビア森の民芸市

今回の旅の目的のひとつが、毎年6月の最初の土日にラトビアの野外民族博物館で行われる「森の民芸市」へ行くことでした。ラトビアの手工芸、ミトン、靴下、バスケット、織物、木工品、民族衣装、陶器、アクセサリー、みつろうキャンドルなどを扱う500以上の店舗が森の中いっぱいに並びます。実際に作っている工程を見せてくれる職人さんもたくさん。それを目当てに、世界中から手仕事好きの買い手が集まります。

この季節はあまり雨が降らないらしく、透明な日の光が森の緑を照らし、青い空はどこまでも澄み渡っています。森の中の民芸市は、見るものすべてがファンタジックで、まるで自分が絵本や童話の世界に紛れ込んだみたい。かごを持ってお使いしている赤ずきん気分です。

自分たちの地方の民族衣装を着たラトビアの人たちの美しいことといったら！　毛皮をまとった男性はワイルドでかっこいい。スカートの柄や帯の図案、帽子の形や色などは、それぞれ地方によって違うそうです。素敵に着こなしている姿に自分たちの文化への誇りみたいなものを感じました。

マーケットでは、木のさじ、白樺細工、はちみつなど、たくさん買いました。朝早くからぐるぐる歩きまわって、お腹ぺこぺこ。おいしいビールやバーベキュー、パエリアなど食べ物のブースも多くの人で賑わっています。もう隅から隅まで見終わっているけれど、「あと一回りだけしてくる！」と言っては出かけて行きます。そのたびに何かを見つけて買ってしまう。旅のお仲間のみなさんは、二日連続で出かけていました。のんびりピクニック気分で一日楽しめます。

会場の野外民族博物館へは、リガ市内からタクシーで向かいました（およそ25分くらい）。バスに乗っても行けます。事前にキオスクでe-talonsというバスやトラムに乗るためのカードを買っておくのがおすすめです。入り口で入場チケット（4ユーロ）を買って入ると、民族衣装を着たみなさんが迎えてくれます。

人気の
白樺細工
のお店

伝統的な
織物を
まとう
美しい女性たち

こはくの
ネックレス
に
自作の
かご

グリム童話から抜け
出てきたような
おじいちゃん

大量の戦利品を かついで帰る なかまたち

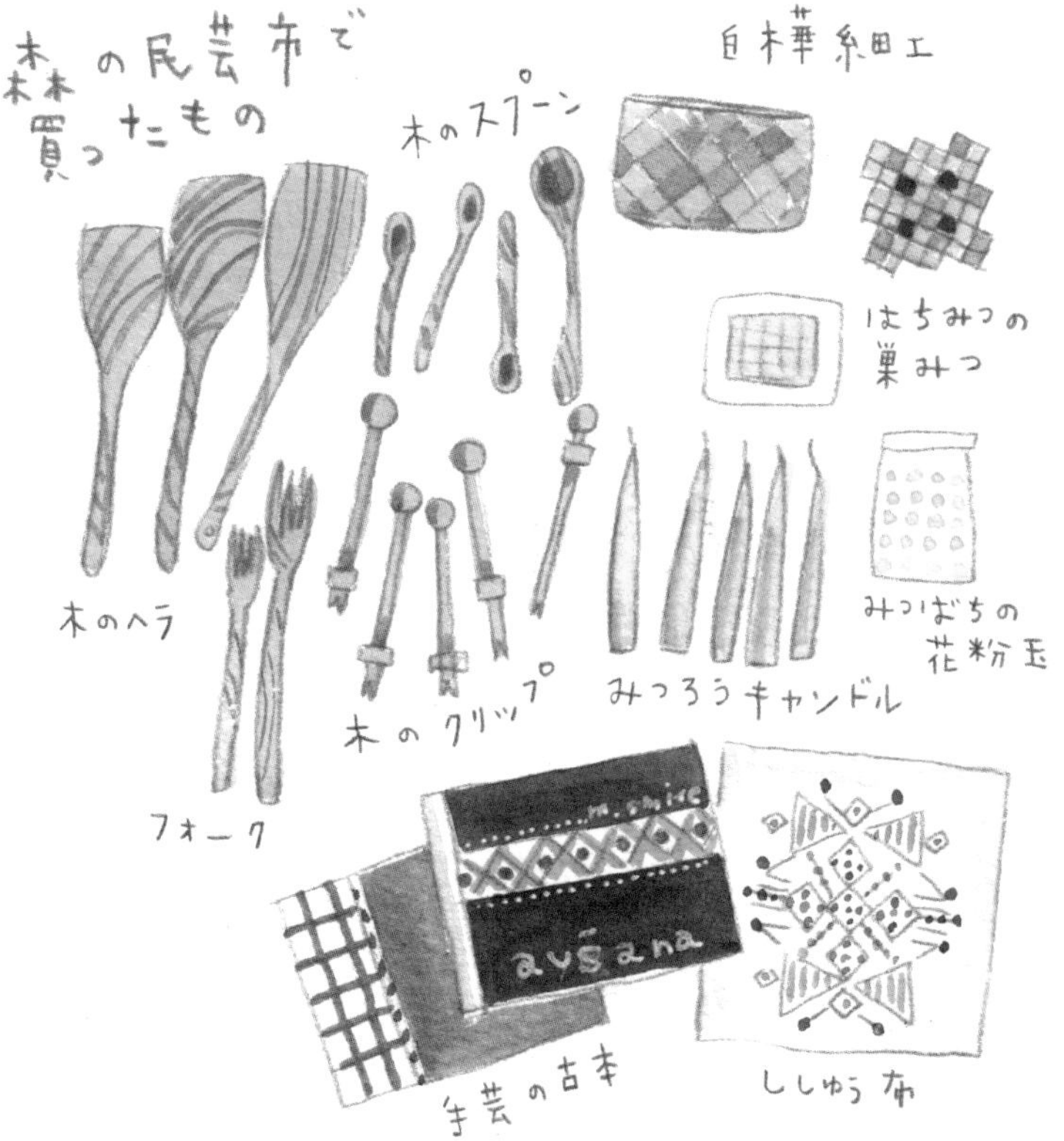
森の民芸市で買ったもの
木のスプーン
白樺細工
はちみつの巣みつ
木のヘラ
フォーク
木のクリップ
みつろうキャンドル
みつばちの花粉玉
aušana
手芸の古本
ししゅう布

ピーターさんのかご工房へ

世界中にあるバスケットは、その土地で採れる素材で編まれています。日本では、竹、山ぶどう、あけびなどが知られています。私がふだん作って持っているのは、インドネシア原産の籐《とう》という素材のもの。手仕事から生まれる編み目の美しさには、たまらない魅力があります。

ラトビアでは柳でバスケットが作られています。日本にいるときに柳のバスケット作りを習ったことがあるのですが、なんと、そのときの先生であるピーターさんと森の民芸市でばったり再会しました。思わずハグしてしまいましたよ。

リガからバスで30分ほどの場所にピーターさんのかご工房があると聞き、行ってきました。そこはまさにバスケット天国！　広い庭に大小さまざまなバスケットやかごがずらり。パイン材で作られたかごをたくさん買って、東京へ発送してもらいました。こちらの工房では事前に予約すれば、かご作りのワークショップも体験できます。トレイなら初心者でも3～5時間で完成できるとのこと（以前、私がバスケットを作ったときは8時間以上かかりました）。柳は硬くて折れやすく、籐にくらべると難しい素材ですが、手仕事好きにはたまらない経験になります。

ピーターさんのアトリエは
まさに バスケット天国！

皮をはがして作る
白樺細工のワークショップ

日本からメールでやりとりをして予約し、白樺細工のワークショップを体験してきました。ラトビアのリガから1時間半ほどバスに乗り、見渡す限り白い花が咲いている道をどこまでも走り続けると、白樺の森がありました。そのすぐそばに、森の民芸市でも出店していた「BIRCH BIRDS（バーチバーズ）」のおふたり（ご夫婦）の工房があります。

白樺の樹木から皮をはがすところから教えてもらいました。刀ですーっと切れ目を入れるとペロンと皮がはがれます。白樺細工の材料となる白樺樹皮採集は初夏、白樺の木が最も水を吸い上げている時期に限られるそう。自分の敷地の白樺だけでは足りないので知り合いのつてなどを通して1年分の材料を確保しているとのこと。苦労して集めた白樺の皮を最終的にはテープ状に加工するのですが、これがまた手間も体力も時間もかかる大変な作業なのだそうです。私たちはテープ状に加工してもらったものを編むだけですが、元は森に立っていた白樺なんだと思うと本当に尊い素材だなと思いました。今回作らせてもらったのはパスケース。とってもなめらかで愛らしい作品が出来上がって、お気に入りになりました。

自然のままの樹皮を薄く削り、
それをカットしてテープ状にします。

工房のすぐ裏にある森で、白樺の樹皮をはがす様子を見せてもらいました。

三角の蓋がかわいい名刺入れ。
持っているだけでうれしくなる宝物が完成！

先生に教えてもらいながら、なめらかで強い白樺テープを編んでいきます。

幾何学模様《きかがくもよう》を集めて歩く

ラトビアの街を散策していて夢中になったのは、かわいい幾何学模様。窓枠や扉や家具の彫刻はもちろん、工芸品であるミトンや織物にも、刺しゅうで幾何学模様がデザインされているのです。夢中で集めて写真に撮ったりスケッチしたりしました。なぜこんなにも惹かれるのか、そのときはわからなかったのですが、帰って調べてみて、幾何学模様のひとつひとつが「ラトビア神道」の文様であることを知りました。形のそれぞれに意味があるのです。

ラトビアにはキリスト教伝来以前より続く自然崇拝が根づいています。日本も古来から八百万《やおよろず》の神を信じ、あらゆる現象や、太陽、月、風、家の中のお茶わんにいたるまで、世の中にあるすべてのものに神の存在があるとされてきました。考え方に共通する部分があるからこそ、私は本能的に幾何学模様に惹かれたのだと思います。

ラトビア神道には神々を象徴する独自の「文様」があり、その数はなんと300種もあるそうです。太陽や月、自然現象などをシンボル化し、民族衣装や民芸品のデザインに用いてきました。日本のお守りと同じように、この文様が人々を守り、力や美を与えるとされています。

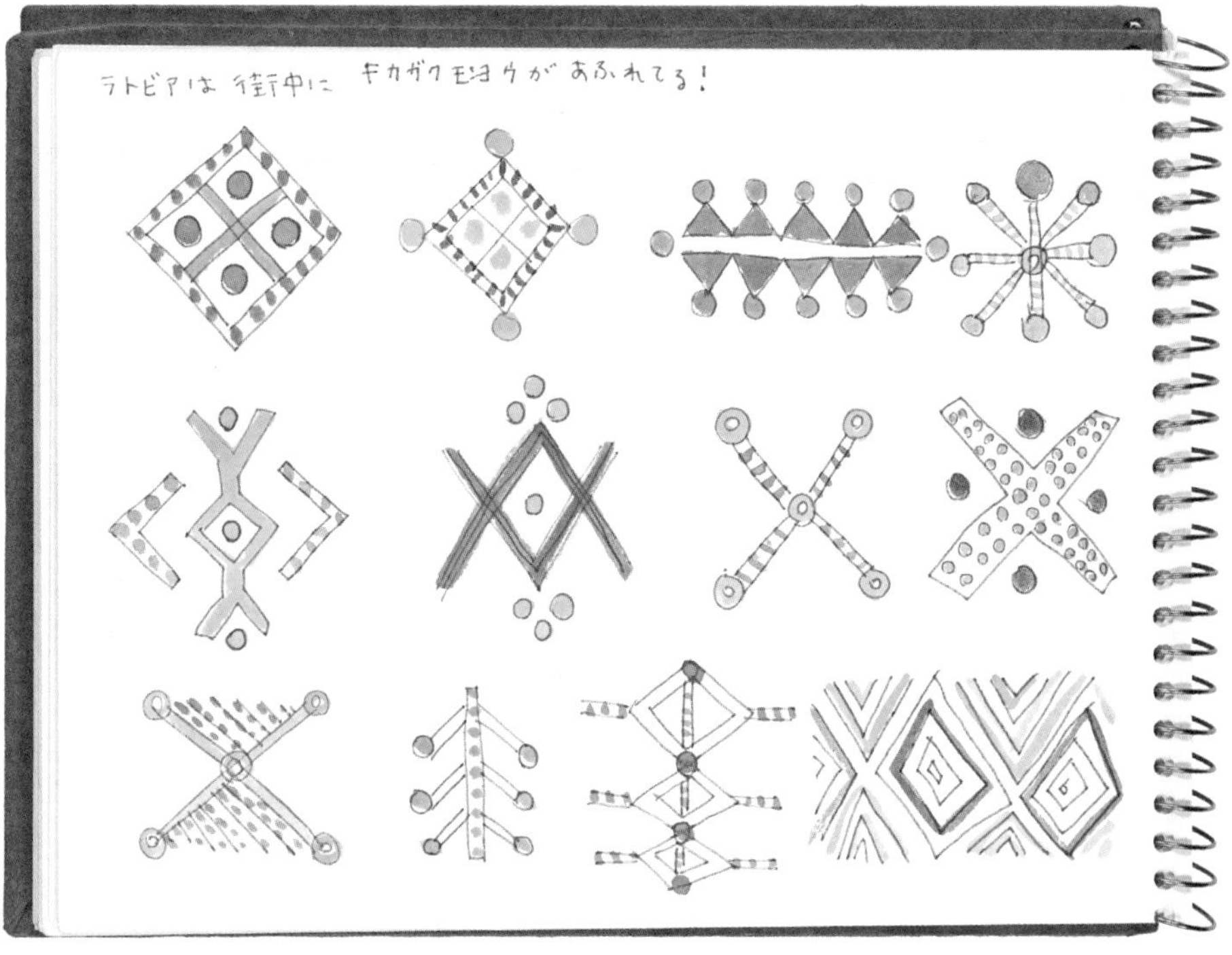

ラトビアの人はそれぞれ自分の文様を持っているそう。
意識しながら街を歩くと、窓にも扉にも、椅子にも、カーテンにも、編み目にも幾何学模様がいっぱい！

ラトビアのミトン

ラトビアに来るまで、ミトンは「かわいい手袋」という印象しかなかったのですが、知れば知るほどその魅力にハマっていきました。ラトビアでは、三角あたまのミトンにはお守りのような魔法の力が宿ると信じられているそうです。編み込まれているのは、美しい自然と伝統的な神様の文様で、ひとつひとつに意味が込められています。

私は「意味が込められた手作りのもの」が大好きで、日本の背守り刺しゅう、つるし飾り、郷土玩具など、子どもたちの健康や幸せを祈りながら作る伝統工芸や風習をライフワークとして追いかけています。まさかミトンも同じように思いが込められたものだったとは！　同じものがふたつとないミトン。手仕事のあたたかさにときめかずにはいられません。

かつてのラトビアの花嫁は、贈る人の幸せを願ったり、悪いことから身を守るおまじないの意味を込めて、嫁入り道具としてたくさんのミトンを一針ずつ編んだそうです。なんと１０００年前のミトンも発見されています。今でも伝統工芸として受け継がれており、ラトビアのミトンは幸せのアイテムとして、世界中で愛されています。

ラトビア

古本屋で昔の手芸本と出会う

古い手芸本探しは、今回の旅でぜひやってみたいことのひとつでした。グーグルマップを見ながらリガの街を散歩していたときに「古書」のマークを発見。ガイドブックには載っていない小さな古本屋さんにめぐりあうことができました。まずはグーグル翻訳で「手芸」をラトビア語に変換し、「rokdarbu」と書かれたスマホの画面を拡大表示で店番のおばあさんに見せました。すると「あっちだよ」というふうに手芸本コーナーを教えてくれました。そこには、床から無造作に山積みされた本がたくさん！

ここからは、私のお宝探しの時間です。ひとつひとつ見て表紙がかわいいものをピックアップし、選んでいきました。私が生まれた年に出版された刺しゅうやミトンの本、編み物の本もあります。ザラザラした紙の触感や褪《あ》せた色に、何とも言えない懐かしさを感じます。時や場所を超えて、めぐりめぐって私の手元にきたラトビアの古い本たち。ページを開くと、編みかけの毛糸や小さなメモがはさまっていることも。ずっと前の持ち主たちの気配に、ワクワクしてときめきが止まりませんでした。私もこの本たちからインスピレーションをもらって、新しい手仕事が生まれたらいいなと思います。

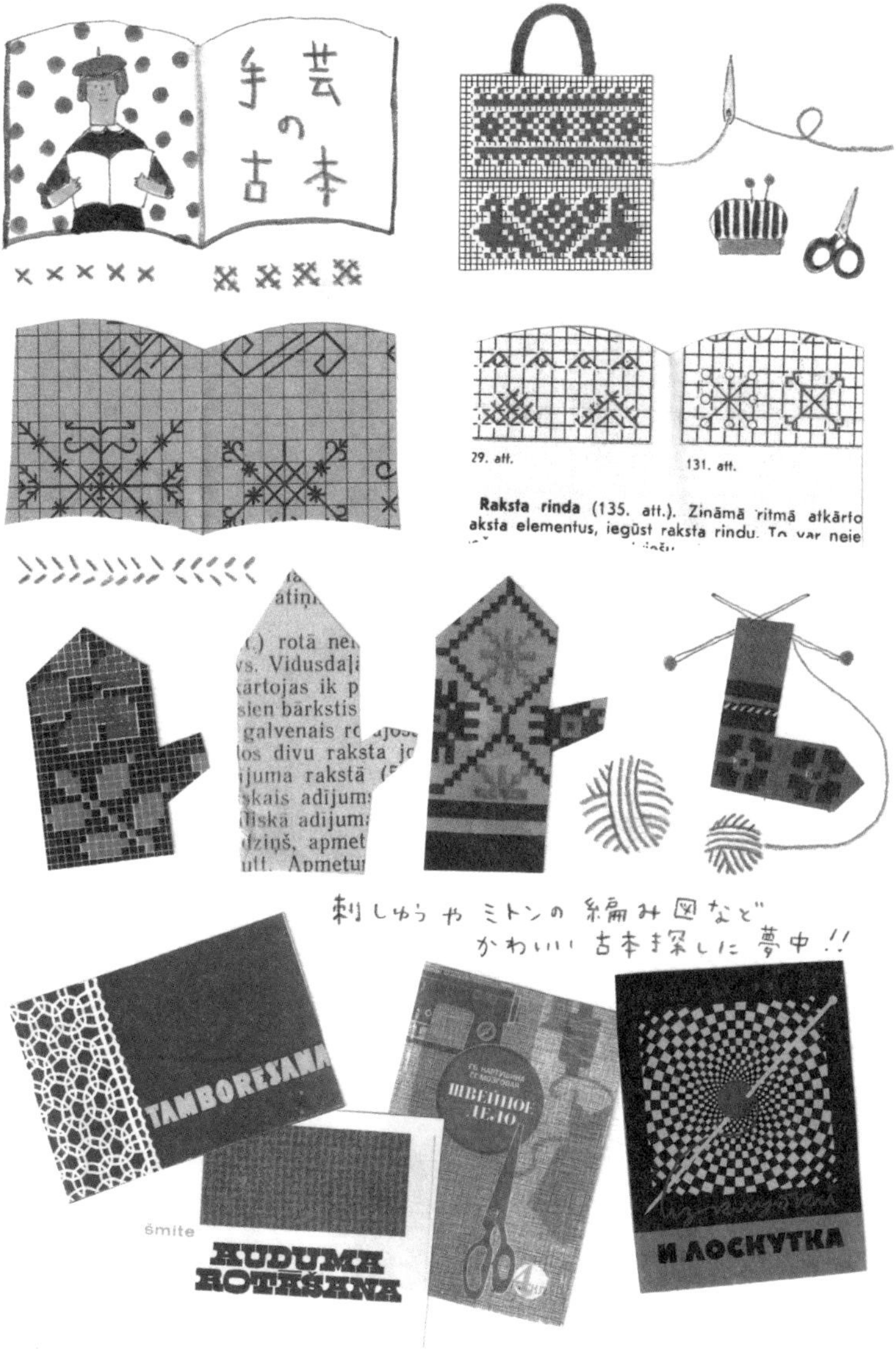

買ってきた手芸本の中身をコラージュでちらっとご紹介します。図案や文字、色使い、紙の質感にいたるまで、すべてがツボです。

リガの街で見つけた扉コレクション

てくてく街歩きで私がいちばん夢中になった
のが、扉集め。素材もデザインも色もさまざ
まで、どれもかわいくてたまらない！

勇気を出してグーグル翻訳で聞いてみる

英語が苦手な私にとって、バルト三国の言葉は本当にわかりません。ひとりで行動しているときに困ったのが、バスやトラムの乗り方がわからないこと。停留所でほかの人が乗るときのやり方を観察したところ、何やらピッとカードを機械にかざしている様子。でも停留所付近を見渡してもチケット売り場が見当たりません。

こうなったらグーグル翻訳を見せて聞くしかない！　グーグル翻訳はラトビア語を含む世界１００か国以上の言語に対応しています。「切符売り場はどこですか？」→「Kur ir bilesu kase?」。全画面表示にして隣に並んでいるご婦人に見せました。するとにっこり笑ってキオスクまで連れて行ってくれました。なんてやさしい！　こんなとき、人のあたたかさが身にしみます。ちなみにグーグル翻訳はスピーカーマークをタッチすると音声でも読み上げてくれます。ただし低い男性の声だったりするので、ちょっと驚きます。

リガ市内の公共交通機関（トラム、トロリーバス及び路線バス）は、市内に数多くあるキオスク（Narvesen）でチケットを購入します。購入時に乗車回数を伝えると、その回数分がチャージされたe-talons（イータロンス）カードが渡される仕組み。運転手から現金でチケットを購入することはできないので注意が必要です。交通当局による抜き打ちの検札が頻繁に行われており、無賃乗車が見つかった場合は正規運賃の数十倍の額が罰金として徴収されるそう。実際に友人たちが検札にあい、そのときは罰金は免れたそうですが、その場で降ろされ、タクシーを呼んで移動したそうです。

◎道に迷う贅沢

私はとてつもなく方向音痴なのに、なんとなくこっちかな？　と思い込んで進んでしまうタイプなので、土地勘のない旅先では何時間も同じ場所を行ったり来たりしてしまいます。あ、またこの道に来てしまった……この建物さっきも通ったぞ。地図を読み解く能力も低く、グーグルマップで見たとおりに歩いているはずなのに道に迷ってぐーるぐる。疲れ果ててお茶をしたり、公園のベンチで休憩したり。でもここはポジティブに、この無駄に時間やお金、体力を使うことこそが旅の贅沢だなぁと思っています。何事も効率よくできない自分の生き方にも似ているのです。ずんずん歩き続けて、ぶつかってから曲がることや後ろに戻る選択もあることに気づきます。目的地に着くことで感じる達成感や感動と同じくらい、その道中に自分にしか味わえない旅の楽しみがあると思っています。

レースや
織物の
お店

Estonia

エストニア

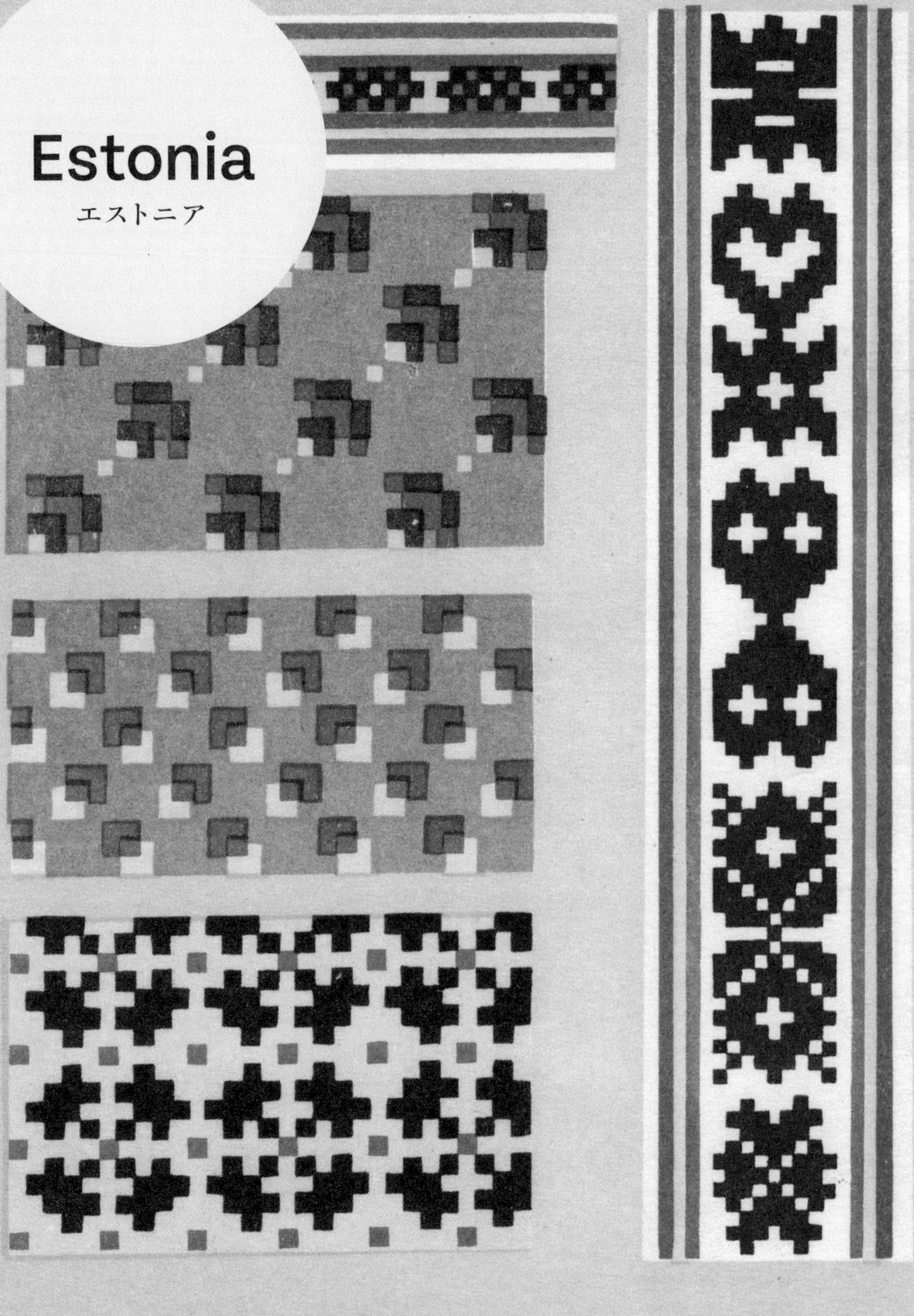

長距離バスでエストニアへ

ラトビアのリガから長距離バスに乗って、エストニアのタリンへ向かいました。

エストニア共和国は、バルト三国の最北に位置しています。人口はおよそ130万人、面積は日本の九州ほどの大きさの小さな国です。首都タリンの街は世界遺産に指定されていて、城壁で囲まれた旧市街には中世の面影が残っています。一方で、エストニアはIT先進国としても有名です。なんと、国民にとって紙ベースだけの行政手続きは離婚だけ！そのほかはすべてオンラインで可能なのだそう。そんなIT大国とは思えないようなゆったりとした時間を古都タリンで楽しみました。古本を探したり、ニュースペーパーがぶら下がっているカフェでケーキを食べたり。

その後、長距離バスとタクシーを乗り継いで、アヌさんが運営するヘイムタリ美術館へ。スーパーへもレストランへもバスに乗らなければ行けないような森の中にある美術館です。あるのは美しい自然だけ。美術館へ到着すると、満開のライラックのいい香りとコウノトリがお迎えしてくれました。便利なものが何もないところにたくさんの幸せがあることを教えてくれる場所です。

広がる 車窓に
自分の 心も
広がっていく
きっぷ
拝見の
太っちょ
駅員さん

「かわいい」と「好き」で満たされるヘイムタリ美術館

手仕事が好きな人にとって、こんなにときめく美術館は、ほかにありません。昔のエストニア人が実際に着ていた、刺しゅうがふんだんに施された民族衣装やミトン、レースのエプロン、ペチコート、織物のリボン、ブランケット、工具やバスケットなどが展示されています。そしてすごいのは、ただ見るだけではなく、手袋をはめれば実物を触ってもいいところ。美術館の中にはナンバリングされた箱や引き出しが100個以上並んでいます。私は片っ端から箱を開けては中にあるものを取り出し、感嘆し、また箱を閉じて新しい箱を開けるという夢のような時間を開館から閉館まで楽しみました。まさに玉手箱を開ける楽しみです。その日だけで、「はー！　かわいい」を何回言ったかわかりません。

繕われながら使われてきた100年前のミトンは、知らない誰かの時間の積み重ねが形になったもの。そこには手仕事だから味わえる美しさ、あたたかさがありました。見ているだけで自分を包み込んでくれる癒しを感じました。これが手仕事に惹かれる理由なんだと思います。自分も丁寧なもの作りをしていこうと静かな決意がみなぎりました。

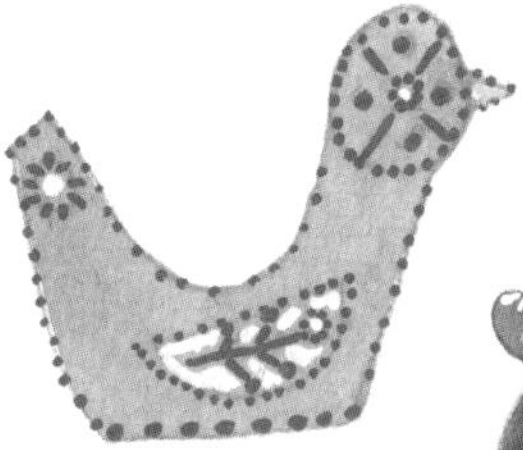

アヌ・ラウドさんのおうち訪問

アヌ・ラウドさんは、エストニアを代表するテキスタイルアーティスト、作家として作品を発表しながら、民俗学者としても精力的に活動しています。エストニアのフォークアートのコレクターでもあり、すべてのコレクションを自身が運営するヘイムタリ美術館で展示しています。アヌさんから、アトリエに来てもいいわよとお誘いをいただき、美術館から歩いて行ける場所にある自宅兼アトリエを訪問しました。

はじめて見た一面に広がるタンポポ畑。無数の透明な綿毛がキラキラと揺れながら浮かんでいて幻想的です。タンポポ畑の中の小道を進むと、アヌさんが出迎えてくれました。まずは「馬小屋を見せてあげるわよ」と連れて行ってもらった場所を見てびっくり。本物の馬小屋の中に、ずらりと並んだ馬のぬいぐるみ。サウナ小屋もあって、そこにも編みぐるみがずらり！　なんてユーモアのあるチャーミングな人なんだと、心をわしづかみにされてしまいました。

アヌさんは、バルト三国を独立に導いた「人間の鎖」のとき、手をつないだそうです。大変な歴史の中に巻き込まれながらも、平和な日常を願うアヌさんの思いが、見る人誰をもクスッと笑顔にしてしまうチャーミングさで表現されていて、大ファンになってしまった私です。

アトリエにゴロンと置いてあるタペストリーを「買えますか？」と聞

本物の馬小屋に
ぬいぐるみの馬を並べている
おちゃめな
アヌさん

いてみたら、「もちろん買えるわよ！」とアヌさん。80歳を過ぎても楽しく仕事を続けるアヌさんをこれからの道標にしたいと思い、「月明かりの橋」と「牛のミルク」の2点の作品を選ばせてもらいました。

作品をよく見たら、アヌさんのサインがない！　サインが欲しいと言ったら「私が書くから、自分で縫いつければいいわよ」と、針と糸を持ってきてくれました。本当に、かわいすぎるしおもしろすぎる！　さっそくダイニングテーブルでちくちくが始まり、縫い終わったら「very good！」のお言葉。今は私の家のリビングに飾り、毎日アヌさんのパワーをいただいています。

アヌさんのベッドの
まくらのヒツジに
キュン♡

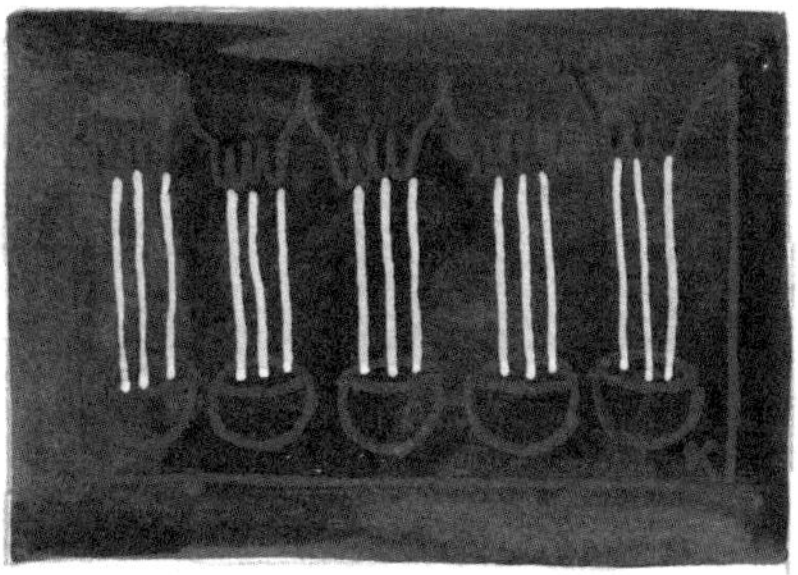

「牛のおっぱい」
購入した
アヌさんの作品

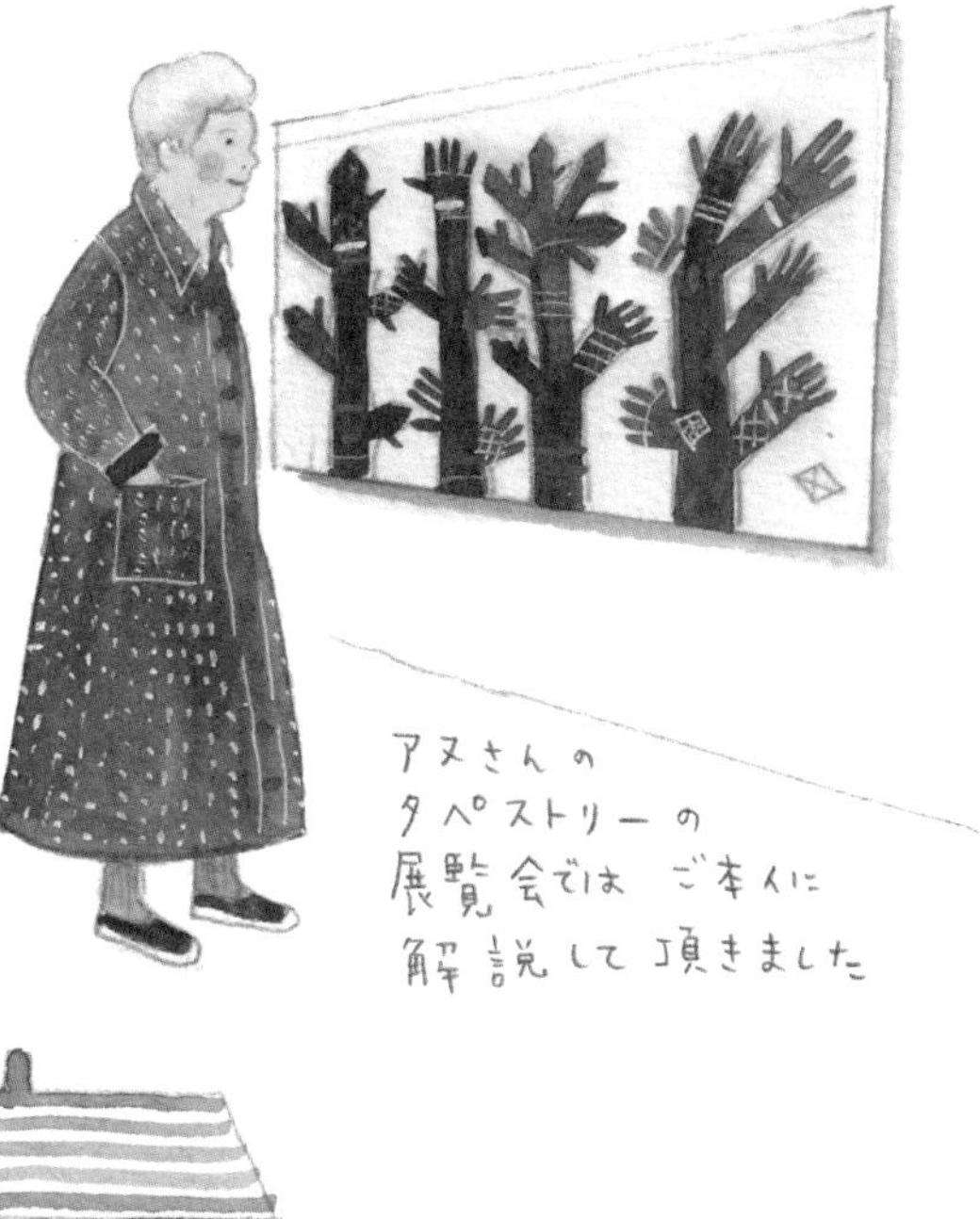

アヌさんの
タペストリーの
展覧会では ご本人に
解説して頂きました

アヌさんの
サウナハウスは 池に
飛び込むんだそう!

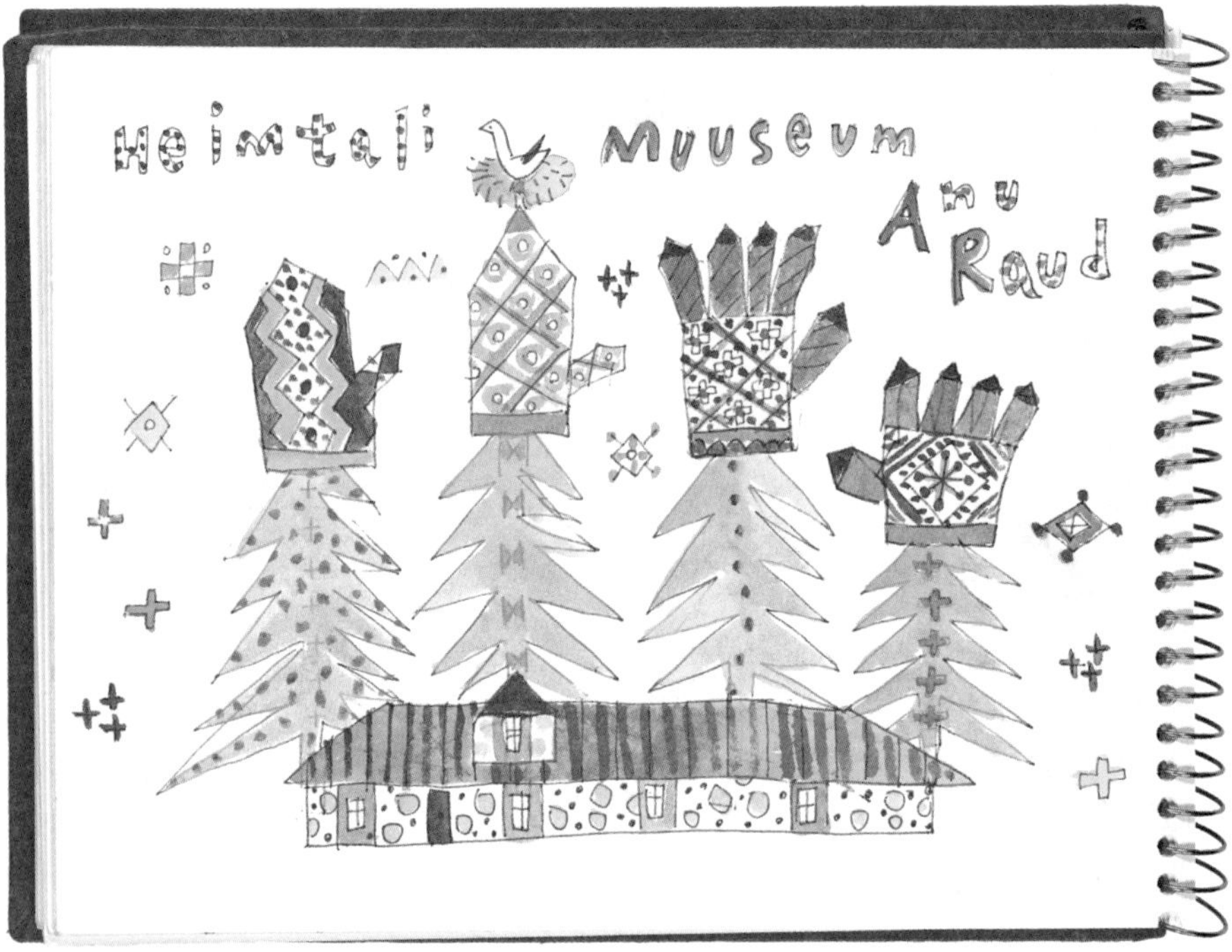

大自然のなかの家で、穏やかな犬と大きな猫と暮らすアヌさん。訪れてくる子どもたちや旅人を笑顔で迎え入れてくれます。30年後の私もこんなふうに暮らしていたい！

村の人から届けられる、実際に使われていた膨大な手仕事の作品が
収められています。「かわいい！」を何万回言っても言い足りない。
一日中、あっちこっちの引き出しを開けてお宝をスケッチしました。

Finland
フィンランド

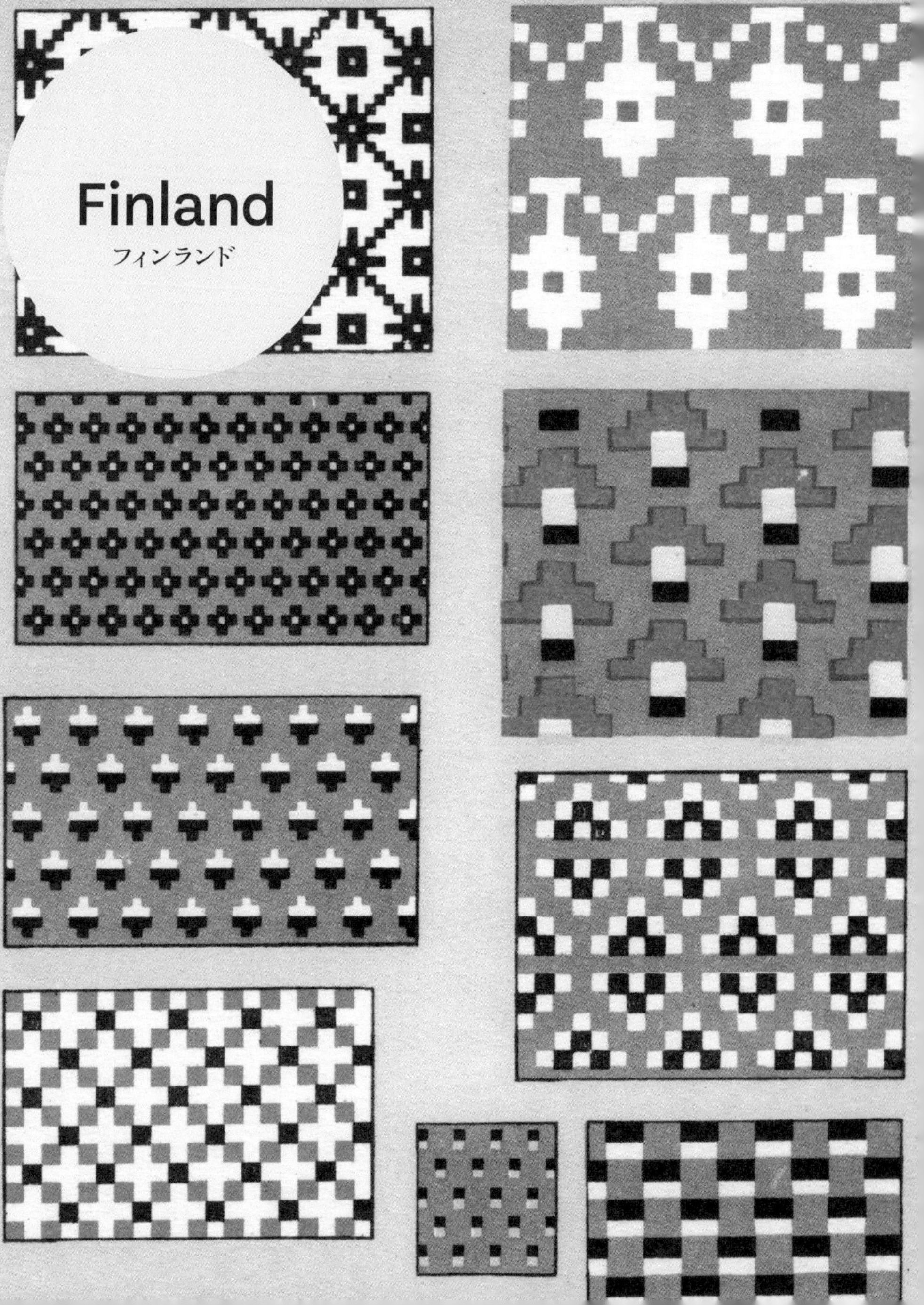

ヘルシンキのデザインは気持ちを明るくしてくれる

　この旅で最後に訪れた国がフィンランドでした。エストニアではほとんど森の中にいて、かまどのキッチンだったりしたので、ヘルシンキに着いたときは未来へタイムスリップしたような気分に。あまりにも日本と違うおとぎの国エストニアにいて、それが刺激的だったのですが、ほどよく都会で安全で、どこか日本にも似ているヘルシンキにホッと安心しました。

　公共施設がスッキリ美しいデザインだと癒されます。ロンドンの空港は、暗くてホコリがたまっていて、思わず財布とパスポートを腹巻きに入れようかしら？　という気持ちになりましたが、ヘルシンキはそれとは対照的な安心感。駅も空港も美しい。郵便局だって美しい。街にあふれるデザインに気持ちが明るくなりました。スッキリしたデザインなのに、ちょうどいいほっこり感が混ざっているところが、またいいんです。伝統的なものとクールなものとの組み合わせが絶妙です。

　今回はじめてフィンランドに来たのですが、ヘルシンキだけだったので、今度は足を伸ばしてオーロラを見たり、森の湖にも行ってみたいと思います。

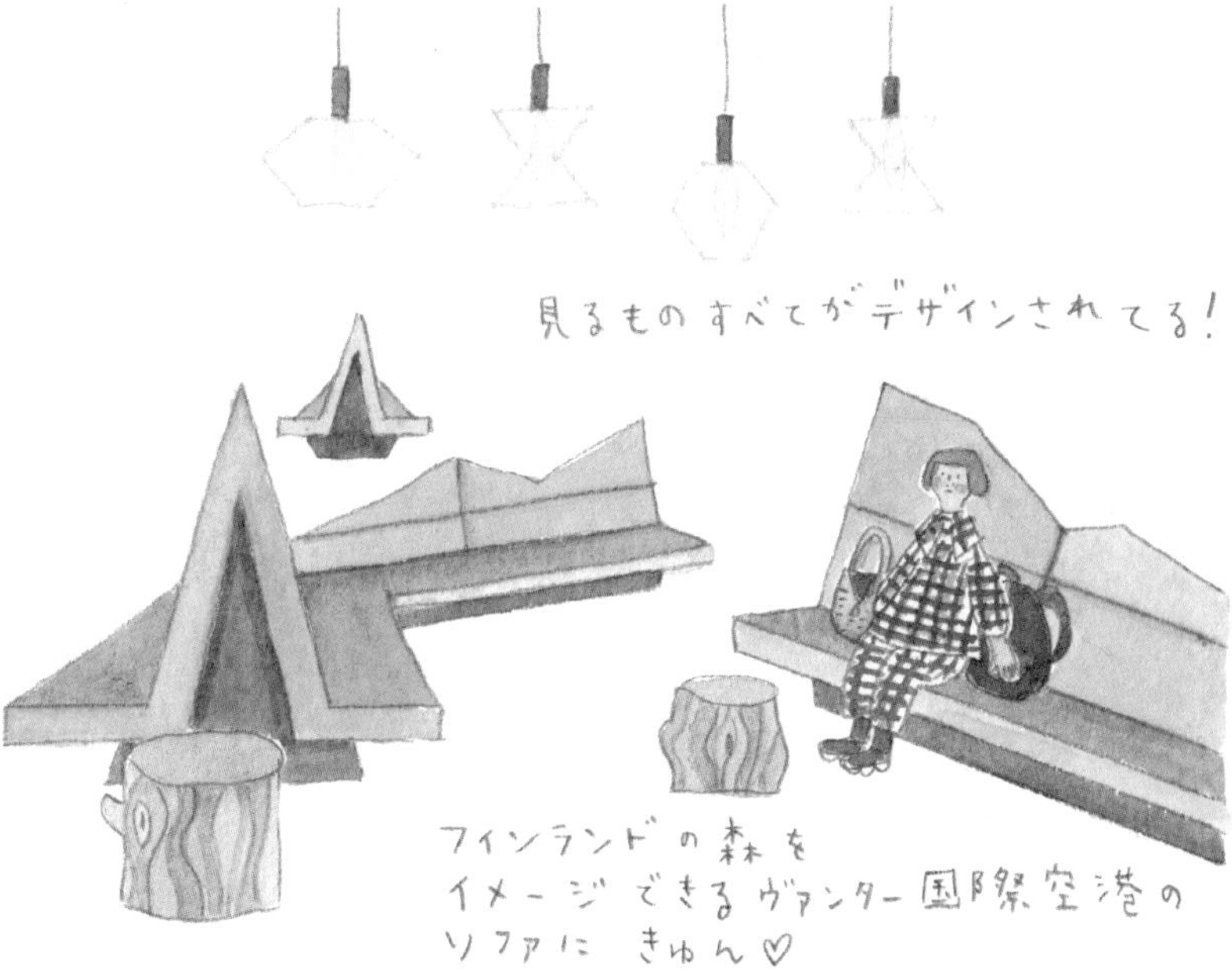
見るものすべてがデザインされてる!
フィンランドの森を
イメージできるヴァンター国際空港の
ソファにきゅん♡

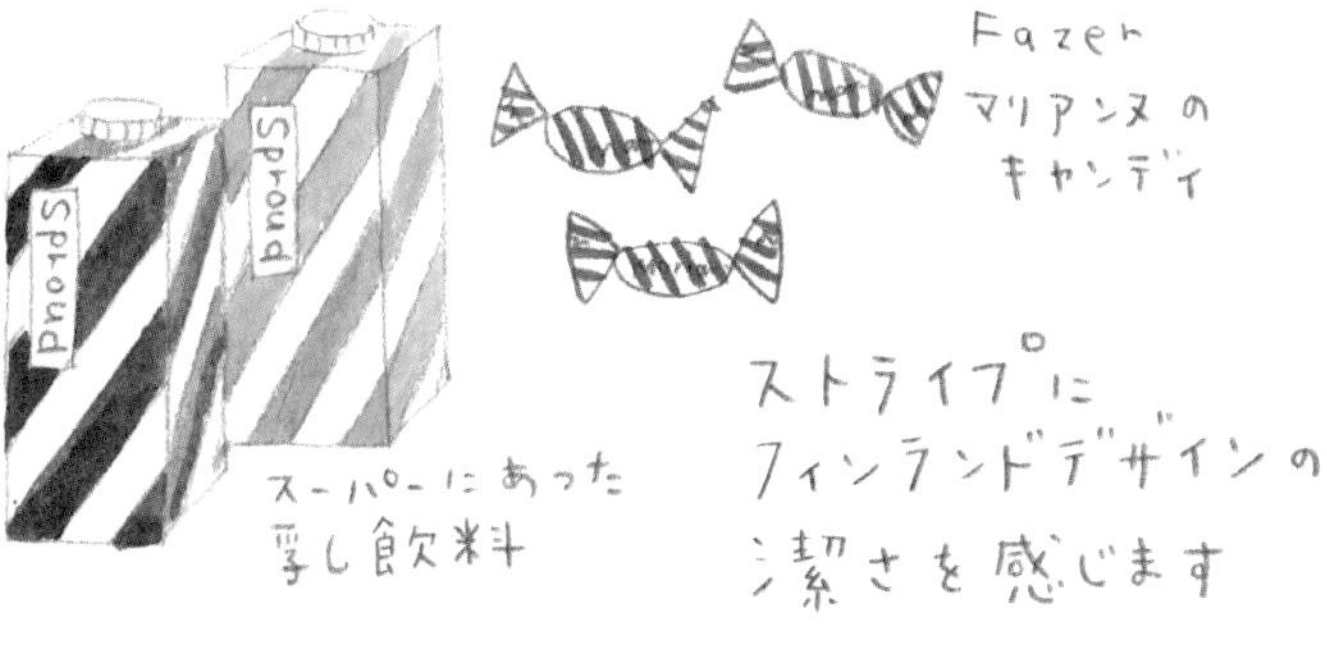
Fazer
マリアンヌの
キャンディ
スーパーにあった
乳飲料
ストライプに
フィンランドデザインの
潔さを感じます

スーパーマーケットにも毛糸が！

暗く長い冬時間を楽しむため、北欧では編み物や手工芸が盛んになったといわれています。私が訪れた初夏の6月のスーパーマーケットにも、色とりどりの毛糸がたくさん並んでいました。日本のスーパーで洗剤が並んでいるように自然に毛糸があるんです。一緒に編み棒も売っていました。フィンランドの人々にとって編み物は、とても身近にあるものなのですね。若い人や男性にまで広まっていることにもびっくり。デパートの椅子や電車でも、バッグの中から毛糸を出して編み物をする人をたびたび見かけました。

日本では手作りのものを身につけることがちょっと気恥ずかしかったり、ダサいと思われそうで心配になったりしますが、フィンランドでは逆にセンスがいいと受け止められているようです。靴下やニットキャップ、ミトンなどは手編みのものをプレゼントする人も多いのだそう。手作りの品の唯一無二のあたたかさ、オリジナリティに満ちたものを持つ喜びは何物にも代えがたいもの。それを自分で作ろうという発想の人が多いのは素敵なことです。かっこいいなあ！　フィンランドの人たちは、大切なものが何かをよく知っていて、家での過ごし方が本当に上手なんだと思いました。

デパートのソファ
で編み物
する人たち

空港のロビーで
編み物
する人

マリメッカーを探せ！

フィンランドを代表するライフスタイルブランドである「marimekko（マリメッコ）」。１９５１年にフィンランドの首都ヘルシンキで、妻のアルミ・ラティアと夫のヴィリヨが設立しました。「マリメッコ」はフィンランド語で「小さなMariのための服」という意味。かわいいだけでなく洗練されたテキスタイルの数々は、見るだけで新鮮なときめきを与えてくれます。70年前のデザインでも古さをまったく感じさせず、今の私の暮らしにもフィットする憧れのブランドです。

ヘルシンキでは、マリメッコを着た人（通称マリメッカー）をたくさん見かけました。少し街を歩くだけで、あっちにも、こっちにも！　すごいと思ったのは、若い人から年配の方まで身につけているところ。小さな子どもや男性のマリメッカーもいて、国民みんなに愛されているブランドであることがわかります。

ブラックコーデ
のメンズ
おデブさんも
着れる
サイズ展開
マリメッコカフェ
でみつけた
ハデハデイケオジ

SEXYロンドンとKAWAIIフィンランド

今回の旅では、国によって街で見かける女性のおしゃれの価値観がそれぞれ違うのも発見でした。最初に訪れた街ロンドンでは、若い人も年配の人も自由なおしゃれを楽しみつつ、セクシーさをアピールするのが共通スタイル。胸の谷間を強調し、体のラインは出してなんぼ！　のスタイルです。一方、フィンランドでは、セクシーアピールがロンドンより控えめで、日本人のおしゃれに近いものを感じました。たとえばシャツのボタンをいちばん上までとめてトラディショナルなスタイルにしつつ、髪色やアクセサリー、小物でアクセントをつける、というような。

ロンドンのおしゃれが「セクシー文化」だとすると、フィンランドは「かわいい文化」に近いのかもしれません。髪や肌の色も体格も違うけれど、フィンランドには、少しアジアの要素がミックスされている人も多いので、どこか親近感を感じるのです。

かつて訪れたロシアのハバロフスクでは、若い人はセクシーアピール強め、年配の人はおとぎの国のスカーフにエプロンのような服装で歩いていました。同じ国でも年代の違いで服装がこんなにも違うのか！　とびっくりしたことを覚えています。私が好きだったのはもちろん、おばあちゃんたち（年配者）のファッション。いつだってどこだって、「セクシー」より「かわいい」を追いかけます。

London

アフリカ系の
女性の
ヘアスタイル
がステキ
おばあちゃん
になっても
谷間を
見せて
SEXY!
ヒジャブを
まいた
ムスリムの
人たちも
たくさん
花柄ワンピ＆ポシェットの
おばあちゃん

◎おしゃれは大事

自身が「好き」と思える服を着て過ごすと、どんな場所でも居心地よく感じます。旅だからと、乾きやすさ、シワになりにくさなどの機能を重視して、ふだんの自分とは違う服を選ばなくてよかったなと思います。もし、ふだん着ないスポーティな服を選んでいたら、コスプレ気分で落ち着かなかったはず。

洋服は自分自身の中身を表現する名刺のような役割があると思っています。旅先では、どうせそのときだけのことだから、服はなんだっていいじゃない？　という考え方もできますが、でもだからこそ、私はいつもの自分でいたい。この年になって、誰に見せるためでもなく自分のために、自分の気持ちを上げるためにおしゃれをしているんだな、ということがしみじみわかりました。どんなときも、自分らしい装いで自分らしい笑顔ができたら、乗り切れるように思います。

Finland

BLACK
×
WHITE
×
GREEN
テキスタイルが
かわいい
ワンピース

モノトーン
コーデの
お手本です

おそろいの
ボーダーシャツの
おじいさんと
おばあさん
かわいすぎるー!

赤いミニワンピ
を 着こなす
40代くらいの
女性

蚤《のみ》の市が並ぶヒエタラハティ・マーケット

蚤の市と屋内フードコートが融合した「Hietalahti Market（ヒエタラハティ・マーケット）」に行ってきました。ガイドブックによく掲載されているだけあって、日本人女性も多く、業者さんの出店が多いのかなという印象。それでも、イッタラ、アラビア、マリメッコといった人気ブランドのヴィンテージ品がずらりと並んでいる様子にワクワク。ティーカップ、グラス、ボウル、バッグ、テキスタイルなど、ずっと見ていても飽きません。支払いは現金なので、クレジットカードでキャッシングしました。

古いアラビアの食器たちのすばらしいところは、日本人の暮らしにとてもよく馴染むこと。私の食器棚にも、ずっと前からここにいましたという顔で鎮座しています。マリメッコも同じで、今回買った布バッグも毎日のコーデにぴったり。買ってすぐに使えるのがフィンランドブランドの魅力です。物欲って、年々なくなっていくものと思っていたのに、この旅では欲しいものだらけ。古本も手芸のものばかり20冊くらい買いました。帰りのスーツケースが重いはず！

CASH ONLY
ARABIAや
MARIMEKKO
買っちゃうよねー
プラプラと
見ているだけでも
うきうき ワクワク!
日本で買うより
少し お安いです

海へ飛び込むサウナ、ロウリュ

日本ではサウナに行ったこともなく興味もなかったのですが、フィンランドといえばサウナでしょ！　と友人に誘われて、バルト海に飛び込むサウナを初体験しました。「Löyly（ロウリュ）」という、ヘルシンキ市で2016年にオープンした公共サウナです。水着を着用して入る男女共用のサウナで、水風呂の代わりはなんとバルト海。公共サウナとは思えないほど、おしゃれでラグジュアリーな雰囲気が漂っていました。海辺の公園にあるスタイリッシュなレストランとサウナが一緒になった複合施設です。予約はオンラインででき、英語にも対応していました。料金は2時間で19ユーロ。

全面ガラス張りの海が見えるおしゃれサウナで、むっきむきの巨漢のタトゥーおじさん10人くらいに囲まれてすし詰め状態。この中に汗まみれでいる自分が異次元でおもしろすぎました。ここまで来たんだから、バルト海にドボンと飛び込まなくては！　と限界ぎりぎりまで我慢していたら、何やら全身が紅白のまだら模様に。サウナ用語では「あまみ」という整った証拠らしいのですが、気持ち悪くて恐ろしかった……。よし！　と階段をおりて海へドボン、いや、ぽちゃっと浸かって出て来ましたが、何が気持ちいいのかはわからないままでした。

ただただ、旅ならではのおもしろい体験に満足。夜（といっても白夜な

オーシャンビューの おしゃれサウナで
ムキムキタトゥー軍団にかこまれるオバさん
青春

ので明るい）に行ったのですが、若い人ばかりで子どもの姿はなく、大人のおしゃれスポットという感じでした。サウナを出て隣にあるバーで、カクテルを飲んでクールダウン。ジントニックに赤いベリーとローズマリーが入っていて、これが素敵すぎてうっとり。日本に帰ってからも真似して飲んでいます。

アアルト自邸ツアー

ヘルシンキ中央駅から北西へ5キロ。アアルトの自邸は緑豊かで海が近くの閑静な住宅地にありました。フィンランドの現代建築の巨匠アルヴァ・アアルトが38歳のときから40年に渡って暮らした住宅です。

どの部屋からもやわらかな自然光が差し込んでいました。初めて訪れたのに、昔から知っている場所のような安らぎに包まれます。こんな家に住みたいと感じるのは、日本の建築にも興味を持っていたアアルトが、どこか和風なものをミックスしているからかもしれません。窓にかかっているのは日本のすだれで、ところどころに籐で編んだ家具もありました。

窓枠や家具などに木がふんだんに使われていて、シンプルで直線的な窓枠が印象的でありつつ、家具の中に曲げ木のアールが際立つソファが置いてあったり、相反するものが心地よく混ざり合っています。このクールなものとあたたかみのあるものとのバランスが大好き。レンガやコンクリートと木を組み合わせる手法は、まさにアアルトブランドといえます。現在世界中で人気の「北欧スタイル」は、アアルトから始まりました。

この家に来て、自分には圧倒的にクールさが足りないなと思いました。手仕事のあたたかみを大事にしつつ、アアルトを見習って、シンプルでクールな部分も増やしてかっこよくなりたいと強く思いました。

アアルト自邸は、アルヴァ・アアルト財団の所有するミュージアムのうちのひとつで、一年を通して事前に予約しておけばガイド付きツアーで見学できます。ミュージアムショップも併設されています。

曲げ木が
美しい
スツール
籐のボトルカバーが
部屋のすみにさりげなく

ラタンチェア
いつか わが家の
リビングにおむかえ
したい
TEA TROLLEY
TEA TROLLEYの
元ネタの
ワゴンを
みつけて
大感動!
デザインのちがう
ラタンチェアが どの部屋
にもありました
ベッドも ラタンでしたよ

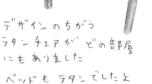

マリメッコ本社の社員食堂

ヘルシンキで絶対行ってみたかった、マリメッコ本社にある社員食堂「maritori（マリトリ）」。午後は飛行機に乗って東京に帰るという最終日に行くことができました。一般のお客さんも利用できてマリメッコアウトレットも併設されており、ファンにはたまらない場所です。ただし、平日しかオープンしていないので要注意。ビュッフェ形式でいただくランチの食器はすべてマリメッコで、自分で好きな柄を選ぶことができます。

ランチのあとはお待ちかねのアウトレット。ワンピースやらブラウスやらをアウトレット価格で爆買いしていたとき、「なみさんですか？」と声をかけられました。なんと、一年前に大阪でのワークショップに参加してくれた女性でした。元図工の先生の彼女は、3か月かけて15か国、ヨーロッパの手仕事を探しながらめぐっている最中だそう。自分の娘と同じ歳の女の子が、好きなことを集めに、学びに、やってきている。うれしくてたまらない気持ちになりました。ふだんの毎日では、ここまで貪欲に自分の「好き」と向き合うことは難しいけれど、旅の間は思う存分、好きなもの探しに集中できます。それこそが、旅に出る理由。若い同志に教えてもらいました。

マリメッコ本社は
トキメキの マリメッコランド!

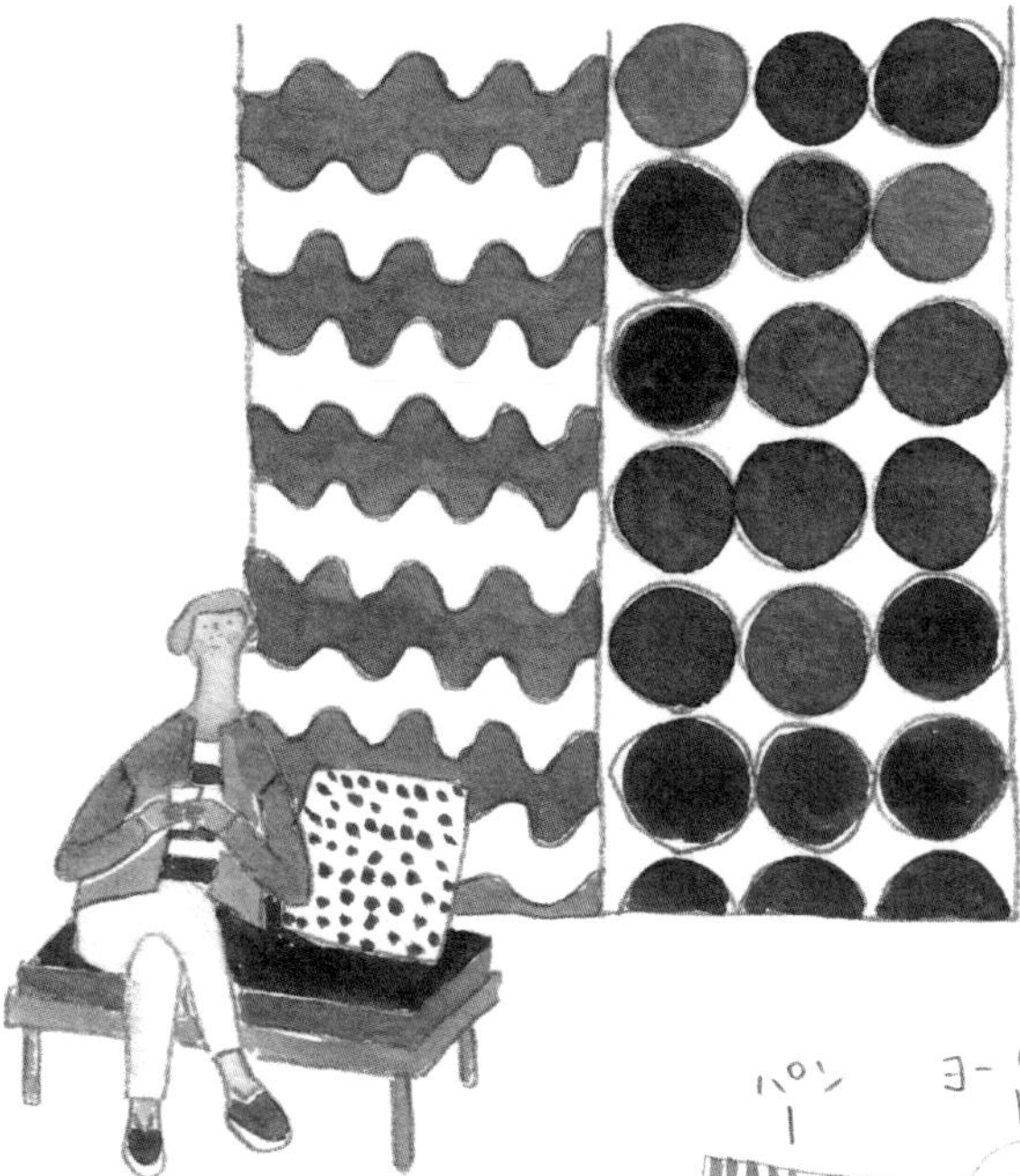

maritori

ビュッフェ形式の
ランチいただきました

食器も全部
marimekko

おわりに

東京では自生していない、小さな白いヒナギクの花がロンドンの公園いっぱいに咲いているのを見たとき、なんて愛らしいんだと感動しました。

絵本の世界を実写で見ているようで、写真もたくさん撮りました。同じ花を1週間後、リトアニアで見たときは、「おや、かわいく咲いてるね」くらいなものでした。

このときに思ったんです。何事も「初めて」って尊いものなんだなと。初めてって、自分のなかに鮮烈に残るものなんだなと。

10代や20代の初めての経験は、今でもみずみずしく思い出すことができます。

それは自分にとっての大切な宝物です。

若いころに感じたものが宝物とばかり思っていましたが、今回、小さな花を見て、50代になった今でも「初めて」は集められるんだとうれしくなりました。

まだまだ、見たことのないもの、食べたことのないもの、行ったことのない場所はたくさんあります。

誰かと一緒の旅もいいし、ひとりで旅に行くのも楽しそう。昭和レトロが好きな娘、建築が好きな息子について行く旅も、最近の楽しみです。

それぞれの「好き」があることで学びの旅は続くし、どんどん世界が広がります。

ちょっと前までは旅に行くなんて無理だと思っていたのに、新しい一歩を踏み出した途端、自信もできました。

さて、次はどこへ行こうかな。

ARABIA
Faenza
Ruska
kosmos

堀川波　ほりかわ・なみ

1971年生まれ。大阪芸術大学卒業後、おもちゃメーカー勤務を経て、イラストレーター、手工芸作家として活動。著書に『刺し子糸で楽しむ刺繍』『刺し子ステッチで楽しむ服と小物』『籐で作るアクセサリーと小物』（いずれも誠文堂新光社）、『45歳からの定番おしゃれレッスン』（PHP研究所）、『48歳からの毎日を楽しくするおしゃれ』（エクスナレッジ）など多数。

https://www.dottodot-works.com/

Instagram　@horikawa_nami

手仕事《てしごと》をめぐる大人旅《おとなたび》ノート

ヨーロッパ3週間《しゅうかん》、
あたらしい旅《たび》の楽《たの》しみ方《かた》

2024年5月25日　第1刷発行

著者　堀川《ほりかわ》 波《なみ》
発行者　佐藤 靖
発行所　大和《だいわ》書房
東京都文京区関口1-33-4
電話　03-3203-4511
印刷　萩原印刷
製本　ナショナル製本

ISBN978-4-479-78606-1

http://www.daiwashobo.co.jp

ブックデザイン　葉田いづみ
イラスト・写真　堀川 波
編集　八木麻里（大和書房）